不要與人比，做好你自己

現在，活出自己

讓心呼吸

Now, Just Breathe

在逆境之中，你可以**勝利**，也可以**失敗**，
但你必須認清自己，**決不能屈服**。

培育文化 人與人 62

現在，活出自己讓心呼吸

編著　黃湘如
責任編輯　廖美秀
美術編輯　蕭佩玲
封面設計　蕭佩玲

出版者　培育文化事業有限公司
信箱　yungjiuh@ms.45.hinet.net
地址　新北市汐止區大同路三段一九四號九樓之一
電話　（02）8647-3663
傳真　（02）8674-3660
劃撥帳號　18669219
CVS代理　美璟文化有限公司
TEL／(02)27239968
FAX／(02)27239668

總經銷：永續圖書有限公司

法律顧問　方圓法律事務所　涂成樞律師
出版日期　2015年11月

國家圖書館出版品預行編目資料

現在，活出自己讓心呼吸 / 黃湘如 編著.
-- 初版. -- 新北市 : 培育文化, 民104.11
面 ;　公分. -- (人與人系列 ; 62)
ISBN 978-986-5862-68-8(平裝)
1.修身 2.生活指導
192.1　　104018947

Chapter 1

懂得相處，生氣不如爭氣

在我們所生活的萬千世界裡包含了形形色色的人，也許因為不瞭解你而懷疑你的能力；也許因為某些差距而嘲笑你，使你失去自尊；也許無中生有地誹謗你，在這種時候，愚蠢的人往往只會生氣，而聰明的人卻懂得應該去爭氣。

Chapter 2

放鬆心情，來一次徹底按摩

人生，就好比是一個大舞台，我們每個人，都是一名演員，分別扮演不同的角色。有主角，也有丑角，有正派，也有反派，和現實生活一樣，有幸福同時也有痛苦，有歡樂就會有悲傷，有情感就會有煩惱，有得到更會有放棄，有希望就會有失望，還有很多、很多的無奈……此時，我們只有一個辦法可以解救自己，那不是什麼救世主所能做到，只有我們自己。給自己的心靈來一次徹底的按摩吧，讓自己放鬆心情，使自己解脫。

Chapter 3

替人著想，贏得對方的幫助

我們生活在交往頻繁的社會中，一個人孤軍奮戰很難達到理想的目標。必須與人為善，幫助別人，同時獲得他人幫助，才能走得更遠。只有隨時考慮到他人的感受，努力學習，才能在幫助別人的過程中也贏得別人的幫助。

Chapter 4

甩掉包袱，讓自己輕鬆上路

世上原本沒有路，走的人多了也就有了路。今天所走的路，雖然走的人並不多，走的時機並不成熟，但走的方向卻很肯定。有了通向目標的路，在行走的過程中，難免會遇到各式各樣的人、經歷各種不同的事。初入社會，遇到的人或許都可以作為自己的老師，經歷的事情或許都是走向成熟所必須經歷的。能保持著善於學習的心態，平心應對每天所經歷的事情，或許就是一種進步。

Chapter 5

快樂與否，選擇權在你手上

　　人活著就注定會有很多煩惱，快樂不是老天爺賞的，而是你的選擇。希望有種令人快樂的魔力，要懂得隨環境改變處世的方法，再重的擔子，笑著哭著都一樣得挑。要相信一定可以苦盡甘來，學會給自己希望，苦難其實是最寶貴的財富。

Chapter 6

改變自己，每天進步一點點

很多時候，我們沒有辦法選擇自己生存的環境。但用心去「改變自己」，卻是可以馬上做到的。奉行成功學的人一定聽過：「成功者做一般人不願意做的事！成功者做一般人不敢做的事！成功者做一般人做不到的事！」所以，拒絕舊習慣，改善自己的態度，挑戰自己的弱點，每天進步一點點，最終成功就是你的。

Chapter 7

忍耐一下，為贏得快樂三分

沒有忍耐精神，就不能成就大事業。

懦弱、意志不堅定，就不能得到他人的信任與欽佩，積極、意志堅強的人，才能委以重任，事業的成功也就指日可待。意志堅定的人，不怕這世界上沒有他的位置。不管情形如何，如果你能忍耐、堅持住自己的意志，你就已經具備了「成功」的要素了。

在逆境之中，你可以勝利，也可以失敗，
但你必須認清自己，決不能屈服。
Now,　　　Just Breathe

Chapter 01

懂得相處，生氣不如爭氣

在我們所生活的萬千世界裡包含了形形色色的人，
也許因為不瞭解你而懷疑你的能力；
也許因為某些差距而嘲笑你，使你失去自尊；
也許無中生有地誹謗你，在這種時候，
愚蠢的人往往只會生氣，而聰明的人卻懂得應該去爭氣。

在遭受懷疑時肯定自己

▼據理力爭，忍受住他人的懷疑，相信自己。

我們都不可避免會遭受他人的懷疑，懷疑你是否有能力達到那個位置，懷疑那個提議真的是你做出來的，懷疑是你在後面扯後腿讓他沒有辦法得到想要的一切……在這樣的社會裡，沒有人能夠真正地「歸隱山林」，遠離是非之地不受到他人的懷疑。

我們都不是完美的人，或多或少的都存在著一些缺點和短處，這當然會成為別人懷疑的籌碼，這時候明白遺傳因素和外在環境條件的差異，承認現實中自己的優點和不足，是一個人保持健康快樂的基準。承認自己的不足，並不等於輕視自己的存在。我們應該學會使用念力來增強自己的信心和對成功的慾望，克服那些輕視的眼光。

十九世紀時，艾彌耳·庫耶醫生就要求他的病人盡可能地複誦一句簡單又有效的話：「在各方面，我都會越來越好。」而且必須每天早晨、中午、晚上，無時無刻地想著它，每天持續重複地念著。後來人們把這個辦法稱為宣言治療，把宣言印記在心裡，變成潛意識的一部分，變成身體的一部分。

「我相信我自己」——這是我們每天都應該朗誦的宣言，應該常常掛在嘴邊。因為相信自己會在我們身上激起不可思議的力量！尤其當你產生失落和挫折感時特別有效。而且，把這句話換成「我相信你，你是最棒的」，也可以去鼓勵其他人，同樣使別人感到自豪。但是，在我們的現實生活中，我們真的相信自己嗎？會不會遇到一點點困難就忘掉剛才所喊的這句話呢？或者在受到壓力的時候，我們會無休止地退避、忍讓、甚至把自己所有的想法都忘掉？

克莉兒在一所醫學院工作，是一位擁有博士學位的心理諮詢專家。雖然克莉兒認為自己的工作令人滿意、能發揮自己的抱負，但是她卻一直無法說服上司為自己加薪，這讓她一籌莫展。

克莉兒打電話給她的朋友喬治，希望他能夠提供一些意見幫她改變現在的情況。

「我要具有向男性主管洽談加薪的能力，你能幫助我嗎？」電話裡克莉兒提出這個請求時，聲音中帶有一絲疑問，顯然對於做這種事情她非常沒有把握，「我以前就要求過加薪，可是感覺並不好，因此並沒有如願以償。這種情形在換了幾任主管之後重複上演，每一次我要求加薪都不成功，而且感覺很窩囊。」

顯然這個問題非常棘手，喬治必須對整件事情深入瞭解。喬治和克莉兒大約通了三個小時的電話，終於找到了問題的癥結：克莉兒在走進主管的辦公室之前，就已經不戰而敗。

「另一位具有和我一樣經歷而且比我晚進來三年的人，年薪比我多兩萬美元。他的工作量沒有我重，但是得到的福利卻比我好太多了，休假比較多、出差的津貼也比較多等等。上一次我要求加薪時，感覺就像是一場佈好的局，早在我開口之前，結果就已經決定了。」克莉兒這樣對喬治抱怨，

「而且，那個人和老闆的關係很好，他會請老闆出去吃飯、說笑話給老闆聽，而且時常邀請老闆去他家玩，這些都是我做不來的事情。」

還有一次，克莉兒向上司要求加薪，可是她的上司說：「我很想幫你，因為這是你應得的。可是財務長說我們連這個月的電話費都沒有著落呢！」但是，事後克莉兒去找會計主任核實，會計主任說：「我們有二十六萬美元的現金在手上，情況好得很呢！」

現在，克莉兒已經被「加薪問題」折磨得無法忍受。因為所有情況匯總在一起，使克莉兒把「加薪問題」當做一個早有固定答案的圈套——就是不可能！在她的心裡，這個圈套是上司和那個比她晚進醫院工作的人共同佈下的，所以，每當克莉兒走進上司辦公室裡的那一剎那，失敗就已注定好了。

在這種受到他人不信任的壓力之下，克莉兒開始懷疑自己的工作績效，她認為自己的貢獻並不像想像中的那樣突出，以致於她的主管認為並不符合加薪的標準。在這樣的前提下，喬治先是建立起克莉兒的自信心。

喬治提議克莉兒為自己建立一個加薪備忘錄，把工作計劃、進度和結果都記錄在上面，這些都是「加薪的情報」。透過這份情報可以很具體地展現自己的工作成果，將自己對工作的重視寫出來，使上司和自己一樣重視工作中的表現，而且還可以使上司對於加薪這件事覺得「早該如此」或者「理所當然」。

然後，喬治希望克莉兒在要求加薪時，不要抱怨一大堆，而是採取一種積極的態度訴諸個人的意圖，並且說明自己的要求對公司會有什麼好處，就比較容易獲得正面的反應。最後，喬治告訴克莉兒，還有一件事必須要很認真地做：「應該要打算好這次如果再被拒絕應該怎麼辦。」

大約兩個禮拜後，克莉兒打電話給喬治說自己已經獲得加薪了，而且比預期的還要多。最後，她問喬治是怎麼做到這些的，喬治只告訴她：「據理力爭，忍受住他人的懷疑，相信自己。」

嘲笑和蔑視不值一提

▼用成功來證明當初嘲笑你的人有多愚笨，證明你的堅持是正確的。

人生最難以忍受的是什麼？也許有人會說是貧窮困苦、飢寒交迫，但實際上呢？人生最難以忍受的是：嘲笑和蔑視！

一個人走在被嘲笑和蔑視的低谷時，你的自尊心會面臨著挑戰，到底該堅持走自己的路，還是真如別人所說，放棄自己的想法，好順了別人的意呢？真正的強者會選擇第一條路——走自己的路，用成功來證明當初嘲笑你的人有多愚笨，證明你的堅持是正確的，這樣的人才可以在別人的嘲笑中不斷磨礪和鍛鍊自己，讓自己逐漸成熟，讓別人的嘲笑成為你奮鬥的動力。

她是一個過得很不如意的女孩，她具有像男孩子一樣的性格，喜歡穿中性的衣服，喜歡理小平頭，喜歡和男生下棋決一高低。在國中的時候她幾乎每門功課都不突出，因此她沒考取學校，只好去了一所技職學校。

職校畢業以後她應徵到一個小工廠，才剛剛報到不久那個小工廠就倒閉了。於是她又回到找工作的日子，因為職校的學歷太低，她受到了很多人的嘲笑，總是不被重用，不然就是被辭退，她感到非常沮喪失意。有一天，她對母親說：「我沒有別的路可走，我想回到學校上課。」媽媽同意了，於是她開始補習。

補了一年的習，第二年她考取了一所夜間部的大專，同時還報名一所大學的日間英語課程開始補習大學英語。就這樣，那段期間內她奔走在白天、晚上兩個學校之間，每天回到家都已經晚上十一點了。雖然忙碌的生活讓她越來越消瘦，但精神卻比以前要好的多了。

終於，三年以後她夜大畢業了，這三年內在白天的英語班訓練之下，她也接連通過了英語檢定考試。她對媽媽說：「我很想考碩士班，可以讓我試試看嗎？」媽媽說：「好，那你就努力看看吧。」

她開始啃起專業課本，請老師為她輔導，有些人看到了冷冷的對她說：「你底子這麼差，怎麼可能考上碩士？還是算了吧，別丟妳媽的臉了！」可是，幫她補習的老師卻說：「她提出的問題越來越深，甚至有的連老師都沒有思考過，她卻提出來了。」

她每天忙碌著，媽媽從她清瘦而有神的眼睛中看到堅毅和執著。

第一年考試她失敗了，只差十幾分就錄取了，老師說：「你好好努力，明年很有希望。」

第二年，她依然忘我地努力著，果然考取了！她興奮得跳了起來，從她的眼神中我看到了沈寂許久的希望終於復甦。

很多人都很感慨，包括那些嘲笑過她的人，從一個職校的學生到研究生，她走過的路太長、太艱難，真的非常不容易。

碩士畢業後，她到了一所學校教書，有位男同事愛上了她，追了她一年多，最後他們終於牽手走入了禮堂。婚禮上，她穿著白色的婚紗，手捧一束聖潔的百合花幸福地微笑著。新郎在她耳邊低聲說：「你來到我們學校時，我第一眼就愛上了你，可以娶到你，我真的好幸福！」

在她的婚禮上，主持人講述了她從一開始如何鍥而不捨地勤奮努力，如今擁有了事業也贏得了愛情和幸福！

在賓客的掌聲中她的淚溢滿眼眶，此刻的幸福與當年那個工作不順利的女孩不可同日而語，她用行動把嘲笑變成了掌聲。這個故事告訴我們，如果你可以戰勝自己，用成功去面對別人的輕視，那些嘲笑就可以迅速被敬佩、驚訝所取代。

向那些人證實他們的嘲笑是錯誤的，堅持著自己的做法，不要因為受到嘲笑就輕易地改變自己的想法，因為容易動搖的你，才真正應該被人嘲笑。一個沒有辦法堅守住自己的觀點、做法，在別人的議論聲中不斷改變自我的人，怎麼可能靜下心來做好一件事呢，終究只會變成為一個朝三暮四，終其一生庸碌無為的人。

愛迪生就是忍受住別人的嘲笑和非議，改變了世界的人。

愛迪生於一八四七年二月十一日誕生於美國中西部俄亥俄州的米蘭小市鎮。父親是荷蘭人的後裔，母親曾當過小學教師，是蘇格蘭人的後裔。愛迪生七歲時，父親經營屋瓦生意失敗，只好全家搬到密西根州休倫北郊的格拉蒂奧特堡定居。搬到這裡不久，愛迪生就患了猩紅熱，病了很長時間，人們認為這種疾病就是造成他耳聾的原因。愛迪生八歲入學，但僅僅讀了三個月的書就被老師斥為「低能兒」攆出校門。愛迪生的發明過程是漫長和痛苦的，在別人的嘲笑聲中，他沒有放棄，最終那些嘲笑都變成了掌聲。

正如英國哲學家伯特蘭・羅素所言：「對付貧窮要有勇氣，忍受嘲笑要有勇氣，正視自己陣營的敵人也要有勇氣。」忍受著指責、抱怨、嘲笑，還要日復一日、月復一月、年復一年不斷努力的確很不容易，但你要堅信忍受的結果肯定比放棄或是在別人的嘲笑下改變自己要好，這樣你就會有動力去相信自己，才會在別人的嘲笑、在大風大雨裡成就輝煌。

面對誹謗，一笑置之

▼鱷魚只傷害那些怕它的人，誹謗也只傷害那些自尋煩惱的人。

有人尊重你，就會有人因為各式各樣的原因看你不順眼，甚至無中生有地捏造一些莫須有的罪名，特別是在一些大的團隊中，因為你的優秀掩蓋了其他人的才華，難免會有人想出各種毒招來陷害你，這種時候你該怎麼辦？要一一應對嗎？那豈不正中對手下懷，而且這樣一來，你還有精力去做其他的正事嗎？他們嫉妒你，正說明你某個方面的確比他們強，既然如此你大可自己偷偷高興，何苦跟他們生氣呢？別忘了生氣是用別人的錯誤來懲罰自己。面對誹謗最好的回答，就是無言的蔑視和一笑置之。

子路問孔子：「老師，您常講做人要明智而不要糊塗昏沉。可是怎樣做才算明智呢？」

孔子說：「暗中的讒言，直接的誹謗，到了你面前都行不通時，就可以說是明智了；暗中的讒言，直接的誹謗，到了你面前你都沒有一點反應，那就可以說你站得很高、看得很遠了。」

子路說：「老師我明白了，堅持正義和明智的抉擇，必須時時做到才行。」

這樣的對話告訴我們，雖然讒言和誹謗是兩支傷人的毒箭，但只要你站得高、看得遠，這樣的誹謗對於你而言將沒有任何意義；所謂的站得高，看得遠，就是堅信自己，不要因為別人的誹謗，就放棄自己的原則，這是一種愚蠢的行為。

在面對他人的誹謗時，不要盡力去向他人解釋澄清，這時的解釋澄清對於你而言只會起反作用，聰明的人懂得用微笑來面對誹謗，懂得用適當的行為面對誹謗，讓這些誹謗不攻自破，這才是一種大智大慧，才是一種更高的境界。

每個人在生活工作中，隨時都會受到他人的誹謗，認為你沒有能力成為他的上司或是沒有能力勝任那份工作……因此四處散佈謠言誹謗你，此時你怎麼辦？是動用自己的權利讓別人相信，或者直接與他人爭吵，這樣的方式能夠讓別人的誹謗消失嗎？

答案當然是否定的，那麼此時應該分析那些誹謗你的人目的到底在哪裡，他們的共同點其實都是希望在這樣的誹謗下，你會一蹶不振或是臭名遠揚，如果真的是這樣的話，你需要做的不再是與那些人硬碰硬，更不是順他們的意讓自己生氣，相反地，你應該讓自己一直都活在開心快樂中，同時再用實力找到最強而有力的方法來闢謠。

比如用實際行動證明對方的話純屬虛構，但是要注意不能用武力解決問題，因為如果這樣，別人將不會注意你的受害者身份，反而會認為那些誹謗是真實的；更不可取的是有些人一旦受了誣陷，就整天以淚洗面或者吵吵鬧鬧，這些人都是生活的弱者，最終會被逐出局。其實正如娛樂新聞一樣，誰能相信那些娛樂雜誌上的誹謗呢？

聰明的藝人會懂得用時間的力量來為自己闢謠，而不是一直在雜誌上解釋什麼。因為那樣做反而會讓人們覺得你心裡有所虧欠，才會一直不斷地解釋。其實如果有個人不停在外面造謠誹謗，別人聽多了只會起反感而已，而沉默的人也容易獲得原諒。

你要相信，謊言終究會被揭穿，真相一定會大白的。

如果我們沒有違反社會道德，對自己的行為問心無愧，那麼我們應該做到：面對現實生活或網路世界裡冒犯我們的人，面對無中生有、顛倒是非、誇大其詞的攻擊或誹謗，我們無須浪費太多的精力反擊，因為我們的風度自會加以解釋、加以辯護。而攻擊、誹謗我們的人，言辭越惡毒、越強烈，其人品越令人不屑一顧，他所付出的代價就會越沉重，因為公眾的眼睛是明亮的，是非自有公斷。只有真理和事實能夠永垂不朽，其他都經不起時間的考驗！如果能夠做到這一點，我們的心靈將會得到清淨與昇華。

此外，對於攻擊或誹謗我們的言辭，即使是無中生有，我們也要稍加留意，反省自己，培養完美人格。所以，對於任何攻擊、誹謗，我們都要靜心思考，然後一笑置之。

俗話說：「不遭人嫉是庸才」。如果你被人誹謗，正說明你有某些優勢正在被人嫉妒。

羅斯福是美國歷史上最能幹的總統，但他在位時卻有百分之八十五的報紙在批評他。羅斯福把罵他的報紙都剪貼起來，每次友人來訪，便拿出來給朋友看：「你看，他們又在罵我了。」

所以，忽視或輕蔑別人的誹謗，比起對別人產生怨恨甚或是正面報復有用；如果能夠忽視別人的誹謗，那些誹謗自會逐漸消逝；可是，我們一旦對別人的誹謗產生了怨恨，就如同自己已接受了誹謗的存在。

鱷魚只傷害那些怕它的人，誹謗也只傷害那些自尋煩惱的人。

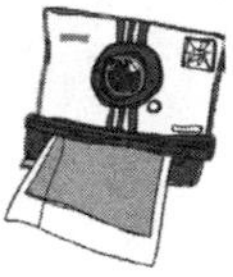

能屈能伸才是真本事

▼如果力量不足以與彼方抗衡，這時最重要的就是保存實力。

古來成大事者必是能屈能伸的大丈夫。人生處世有兩種境界：一是逆境，二是順境。在逆境中，困難和壓力逼迫身心，這時應懂得這個「屈」字，委曲求全保存實力，等待轉機的降臨。在順境中，幸運和環境皆有利於我，這時當懂得「伸」字，乘風萬里扶搖直上，順勢應時更上一層樓。

面對他人的侮辱時，你是否可以做到：忍一時之辱成就以後的輝煌呢？強者自言：「越是有人打擊我，我就越堅強；越是面對惡毒的人，我就越懂得感謝。」大丈夫能屈能伸，是否在面對侮辱，心甘情願地笑納之後，仍然可以作為大丈夫，就取決於你是否在受辱之後還能如被切斷的蚯蚓一樣再次活過來。如果可以，你就能成為司馬懿這樣的勇者，為世人所敬仰，否則的話你將永遠只是一個躲在殼裡的烏龜，不能勇敢地面對外界的壓力。

話說孔明自己統率一支兵馬駐紮在五丈原，一再派人挑戰敵軍，無奈魏兵絕不出營應戰。孔明便取來一套婦人穿的服裝，放在一個大盒子裡，並附上一封書信，派人送到魏軍大營。

魏國的將領不敢隱瞞，便將來人引入去見司馬懿。司馬懿當眾打開盒子一看，裡面裝有婦女服裝一套還有一封信，拆開信一看，見上面寫道：

你既出身為大將統帥中原大軍，卻不敢武力相鬥以決勝負，只是安於躲在土巢之中小心地防避著刀箭，這與婦人有什麼不同？現在我派人送去一套婦女的服裝，你如果還是不敢出戰，便請你恭敬地跪拜接受，如果你的羞恥之心還沒有泯滅，還有點男子漢的氣概，便請立即批回，定期決戰。

司馬懿看後，心中大怒，表面上卻故作鎮靜，笑著說：「孔明把我看成了婦人嗎？」當即接受下來，並下令厚待送衣的使者。

魏軍的眾將得知這事情之後，無不氣憤，來到大帳說：「我們都是魏國的名將，怎麼能夠忍受蜀軍這樣的侮辱？請允許我們立即出戰，一決勝負。」

司馬懿說：「我並不是甘心忍受侮辱不敢出戰，無奈天子早就有了明確的旨意，令我們堅守不戰，如果現在輕率出戰，便是違抗國君命令了。」眾將還是憤怒難平。

司馬懿說：「你們既要出戰，等我向天子稟報批准以後，大家同心協力迎敵，你們看怎麼樣？」眾將都答應了。

司馬懿便寫好表章，派遣使者往合肥軍前，奏聞皇帝曹睿。曹睿打開一看，只見上面寫道：

臣才能低下，而責任重大，陛下曾經明確指示，令臣堅守不戰，等待蜀人自己敗亡；無奈諸葛亮送來一身婦人服裝，將臣視作婦人，恥辱太重了！臣謹預先奏請陛下：近日臣將拚死一戰，以報朝廷之恩，以雪三軍之恥。

曹睿看完後，對眾大臣說：「司馬懿既已堅守不出，為什麼又上表求戰？」

衛尉辛毗說：「司馬懿本來不想出戰，必定因為諸葛亮這一番侮辱，眾將憤怒，才故意上了這道表章，希望陛下更明確地重申一下堅守不戰的旨意，以遏制眾將求戰的心情。」曹睿認為他說得十分有理，便命令辛毗持著皇帝的符節，到渭水北岸司馬懿大營傳旨重申，不許出戰。

司馬懿迎接詔書到大帳之中，辛毗當眾宣讀道：「如果再有人膽敢提出迎戰，便以違抗聖旨論處。」眾將只好按聖旨的意思去辦。

司馬懿能忍受侮辱堅持到底，顯示出一個謀略家的卓越見地。兵法上說，不戰在我。也就是說，一旦遇到形勢於己不利的情況，戰與不戰的權利在自己手中，此時不是逞一時之勇，而應牢牢掌握戰爭的主控權。一個成功的英雄應該要能屈能伸，能剛能柔，要能夠「卒然臨之而不驚，無故加之而不怒」，這才是真正的英雄本色。

當然也有人說，男子漢大丈夫，怎麼能夠不要面子呢，怎麼可以任人侮辱而不做出反應呢？那麼到底什麼是大丈夫的面子呢？到底怎麼樣才是對於侮辱的正確反應呢？難道在面對別人侮辱時與人大打出手？還是只好委曲求全，完全地埋葬在別人的陰影之下呢？很顯然這些都不是正確的策略，強者懂得在受到侮辱時微笑面對，而後在暗中努力，用行動來讓這些曾經侮辱你的人後悔，讓他們嘗嘗嘲笑他人的後果。

想成就一番大事業就得忍受常人所不能忍受的恥辱。如果歷史將賦予你一個重大任務，你就要做好吃苦受辱的準備，那不僅是命運對你的考驗，也是你對自己的驗證。面對恥辱，要冷靜地思考：如果不接受，會不會出現生命的劫難，會不會從此一蹶不振永難再起？如果真存在這種情況，就要三思而後行，而不是魯莽地意氣用事。因為人在遭遇困厄和恥辱的時候，如果力量不足以與彼方抗衡，這時最重要的就是保存實力，而非拿自己的命運作賭注，疲於無謂的爭取。一時意氣是莽夫的行為，絕不是成就大事業的人的作為。

能屈能伸，「屈」是暫時的，暫時的忍辱負重是為了長久的事業和理想。不能忍一時之屈，就不能使壯志得以實現，使抱負得以施展。「屈」是「伸」的準備和積蓄，就像運動員跳遠一樣，屈腿是為了積蓄力量，把全身的力量凝聚到發力點上，然後將身躍起，在空中舒展身體以達到最遠的目標。

妒忌會讓你做得更好

▼聰明的人懂得利用他人的嫉妒把所有的事情都做得更好。

不可否認，人人都有嫉妒之心。面對別人的嫉妒，我們能做的就是要做得更好，經由努力，把別人的嫉妒變成真正的讚賞。

有一個人遇見上帝。上帝說：現在我可以滿足你任何一個願望，但前提就是你的鄰居將會得到雙份的報酬。

那個人高興不已。但他仔細一想：如果我得到一份田產，我鄰居就會得到兩份；如果我要一箱金子，那鄰居就會得到兩箱；更要命就是如果我要一個絕色美女，那個看來要打一輩子光棍的傢伙，就同時又得到兩個絕色美女……他想來想去總不知道該提出什麼要求才好，他實在不甘心被鄰居白佔便宜。

最後，他一咬牙：「唉，你挖掉我一隻眼珠吧！」

這種嫉妒也許有些誇張，但是這個故事告訴我們：一定要擺正心態，你的優秀一定會帶來別人的嫉妒，關鍵是面對他人的嫉妒時，我們應該要有豁達的心態。

你才能出眾，你比別人人緣好，周圍的人便會嫉賢妒能，盡挑你的不是，拿你的缺陷在大眾面前公開咀嚼，以慰藉他們失落的心緒，證明只是自己沒有碰到聰明的伯樂。

嫉妒扭曲了人性，扭曲了靈魂，扭曲了人的正常情緒。這時，你必需要忍受。如此一來，那些挑你毛病的人感到自己終於勝了你一回，他們得意了，一切嫉妒也就會結束於此，而不會再有任何擴大的可能性，同時你也可以得到他人的尊重。

要知道嫉妒是魔鬼，容易使自己身陷泥沼，蒙蔽了本就淺薄的內心，更加使人忘記了奮鬥。所以我們要像忍受孤獨和痛苦那樣忍受嫉妒，用時間和努力來粉碎它。

俗話說：不遭人妒是庸才。因此在遭受他人的嫉妒時，何不換種角度來想，正是由於別人認為你比他優秀，所以才會嫉妒你呢?從這個角度來看，當你面對他人的嫉妒時，你更要學會忍受這些嫉妒的眼光。

古代名人告訴了我們嫉妒的危害。

周瑜本來與諸葛亮有仇，就職南郡太守後便一直想報仇，於是就上疏孫權，要魯肅討還荊州。魯肅無奈，只好前往荊州。

周瑜雖然聰明，但是諸葛亮更勝一籌啊。當魯肅來到荊州後，劉備就按照孔明教他的計策放聲大哭，孔明從旁邊煽風點火地說還了荊州，便無處安身。

這番言論更加觸動劉備心中的傷處，他哭得更傷心了。這個時候，諸葛亮看準時機請魯素轉告孫權，暫緩討回荊州。

魯肅就傻乎乎地回去了，把情況說給周瑜聽。周瑜一聽就說：「你又中了諸葛亮的計了。快點再回去跟劉備說，我們會把西川奪過來給他。」並附耳跟魯肅小聲嘀咕說：「我不過以此為藉口，讓他沒有防備罷了。我將以攻取西川為名借道荊州，便可乘勢殺了劉備，奪取荊州。」

於是魯肅又傻楞楞的回到荊州，把周瑜將率兵攻取西川以換荊州的事告訴劉備。劉備忙謝說他非常感激：「等到你們的大軍一到，我就遠迎犒勞。」魯肅笑著回去了。

結果周瑜率領了水陸大軍五萬人馬往荊州出發，就在快要到達荊州的時候，只見城上插著兩面白旗，整座城樓一個士兵也沒有。於是周瑜將船靠岸，領著二十名騎兵到城下察看。

忽聽到一聲梆子響，城上同時豎起刀槍。趙雲站在城樓上喊叫：「孔明軍師已知你這傢伙的計策，所以留我在此守候取你人頭。」這個時候探馬又來報：「關羽、張飛、黃忠、魏延四路兵馬，從四面殺來。」周瑜氣得呼呼直喘，大叫一聲，舊瘡復裂，從馬上撲通一聲摔了下來，小嘍囉們急忙將他救回去。

周瑜被救回船之後，軍士又跑來報告：「劉備和諸葛亮正在前面山頂上飲酒唱歌呢！」

這下子周瑜更加憤怒了，咬牙切齒說：「你讓我取不了西川，我偏要去取。」於是便命令船隊上行，到巴丘的時候，又有探子來報告：「上游有劉封、關平兩人領軍截住水路。」

周瑜正要出戰，諸葛亮忽然派人送信來。勸他不要去取西川，「如曹軍乘虛去攻打你的老巢，你可就真的完蛋嘍。」

周瑜本來就氣得個半死，一聽諸葛亮的風涼話，更是氣到口吐鮮血，不久就死了。

死前他歎了口氣說：「既生瑜，何生亮！」然後，連叫了好幾聲就死了，死的時候才三十六歲……

所以，正視嫉妒最好的方法就是要做得比他更好，在競爭中，取得勝利。

但同時，孔子也曾說過：聰明聖智，守之以愚；功被天下，守之以讓；勇力撫世，守之以情；富有四海，守之以謙。這正是最單純的策略。事實上，當一個人被鮮花與掌聲圍繞時，更應該謙虛謹慎，這不僅是防備嫉妒的良方，還能從根本上調整自己。以妥協和退讓的方式來面對嫉妒者，就會讓他們感受到你真誠的愛心，這些愛心可以融化那些嫉妒者，從而消除和化解嫉妒。

無論在什麼情況下忍受他人的嫉妒，都不要因為別人的嫉妒就放棄自己的理想，讓自己成為一個平凡的人，讓自己的潛力沒有爆發的地方。應該要懂得從另一方面來看別人的嫉妒，那其實是對你能力的肯定，不要忍受不了別人的嫉妒，而與他人發生爭執，這樣只會產生反作用力。

聰明的人懂得利用他人的嫉妒作為自己能力的展現，懂得利用別人的嫉妒來不斷激勵自己，促進理想的實現，在嫉妒的催化下把所有的事情都做得更好。

忍受寂寞，厚積薄發

▼注重自身能力的累積，所有的成功就會水到渠成。

詩人李白說：「古來聖賢皆寂寞，唯有飲者留其名。」詩聖發出了無奈的感歎。

是呀，忍受得住寂寞的人才是有自制能力的人。

「獨上西樓月如鉤」的李後主，寂寞落定千古塵埃，卻依然如明亮的星星閃爍於歷史的夜空。而梵谷的寂寞，令「向日葵」在他孤獨地離開這個喧囂紛雜的塵世後，如七月的陽光般發出奪目的光芒……

能否忍受當前的寂寞，能否在成功之前控制住對孤獨寂寞的恐懼，這些都是對我們最大的挑戰。

每個人都有孤獨的時候，要學會忍受孤獨才會逐漸成熟。年輕人嘻嘻哈哈、打打鬧鬧慣了，到了一個陌生的環境，面對形形色色的人和事，一下子不知所措起來，有時連一個可以傾心說話的地方也沒有。

這時候千萬不可以浮躁，不要因為過去的習慣，而讓自己無法忍受一時的孤獨和不知所措，應該將這樣的情況看成是社會在考驗你，給你一個機會讓原本已經喧嘩的心冷靜下來，讓你在孤獨中思考如今的自己到了什麼地步。

在孤獨中思考，在思考中成熟，在成熟中昇華，不要因為寂寞而亂了方寸，去做無聊無益的事情，白白浪費了寶貴的時間。

如果你自己沒有辦法忍受寂寞反而亂了陣腳，那最終的結果，是你依然沒有辦法從陌生的環境中獲得成長，你的生活工作也不會因為曾經發生了這樣的變化而有所成功。

許多職場新鮮人總是抱怨自己備受冷落，滿腔抱負卻沒有施展的機會。在他們看來埋頭苦學了十幾年，終於有朝一日可以大展宏圖了，但卻猛然發現自己竟然在做著一些「國中沒畢業都能做的事情」。

於是他們覺得苦悶，覺得懷才不遇，覺得生活對自己太不公平。甚至有一些人，乾脆放棄了這份自己當初千挑萬選得來的工作。但實際上絕大多數的職場新人，都有過這樣的經歷。

為什麼會出現這種情況？企業難道就因為他們是新人，以為剛畢業的學生好欺負？全球這幾年就業形勢嚴峻，公司是不是趁機利用機會降薪尋求廉價勞工？如果你抱著這樣的想法，自然會一直陷在負面情緒裡，對工作提不起精神。

其實對個人來說，這些不需要技術的基層工作是很好的機會，你可以瞭解企業的生產經營，瞭解客戶的基礎，瞭解了這些，日後做複雜的工作時才能得心應手。能持之以恆地完成簡單任務做好小事的人，老闆可能會在將來放心地把大事交給你做。

真正的成功，屬於那種在寂寞中仍可以堅持不懈的人。在寂寞中為自己不斷累積可貴的經驗，才能為將來做好踏板。只有那些懂得享受孤獨、忍受寂寞、不斷堅持的人才可以有所作為。

有一個故事：農夫在田邊種了兩粒種子，很快它們變成了兩棵同樣大小的樹苗。

第一棵樹從一開始就決心長成參天大樹，所以它拚命地從地下吸收養份儲備起來，滋潤每一條樹枝，盤算著怎樣才能向上生長。由於這個原因，在最初的幾年它並沒有結果實，這讓農夫很不高興。

相反，另一棵樹也拚命地從地下吸取養份打算早點開花結果，它的確做到了這一點，這使農夫很欣賞它，並經常澆灌它。時光飛逝，那棵久不開花的大樹由於身強體壯養分充足，終於結出了又大又甜的果實；而那棵過早開花的樹卻由於還未成熟時便承擔起了開花結果的任務，所以結出的果實苦澀難吃並不討人喜歡，還因此累彎了腰。老農詫異地歎了口氣，終於用斧頭將它砍倒，當作柴火燒了。

這個故事告訴我們「欲速則不達」。第二棵樹正是因為急於求成，雖然最初的時候的確得到了農夫的喜愛，但由於它的急於求成，所以並沒有為自己累積足夠的營養而最終累死，也不受人歡迎；相反，第一棵樹則懂得在一開始時忍受住農夫的怒氣，但在最後卻因為之前做足了功課而結出甜美的果實，並且贏得眾人的喜愛。

由此可知，急於求成的結果只會導致過早的失敗。只有敢於忍受寂寞，在寂寞的過程中注重自身能力的累積，一旦時機來臨，所有的成功就自然會水到渠成。

寂寞之美，美在沉寂，美在感激，美在平和，也美在寂寞之後的爆發。

Chapter 02

放鬆心情，
來一次徹底按摩

人生，就好比是一個大舞台，我們每個人，
都是一名演員，分別扮演不同的角色。
有主角，也有丑角，有正派，也有反派，
和現實生活一樣，有幸福同時也有痛苦，
有歡樂就會有悲傷，有情感就會有煩惱，
有得到就會有放棄，有希望就會有失望，
還有很多、很多的無奈…
此時，我們只有一個辦法可以解救自己，
那不是什麼救世主所能做到，只有我們自己。
給自己的心靈來一次徹底的按摩吧，
讓自己放鬆心情，使自己解脫。

累時歇為好，心情洗個澡

▼沒有什麼東西是不能放手的，所有的哀傷痛楚，所有不能放棄的事情，不過是生命裡的一個過渡，跳過去，人生就可以變得更精彩！

漫長的人生，也許會有許多苦悶佔據你生活的空間，你的心情會變得陰晦而黯然。而此時的你只有一種辦法可以救自己，那不是什麼救世主所能做到的，只有你自己，用一種自我解嘲的方式讓自己放鬆心情，使自己解脫。

我記得在讀心理學時，老師提到過「自圓其說」法，其實這種方法指的就是自我安慰。也就是說，當一個人陷入困境，別人又不能給你什麼安慰，有時候也許別人的安慰反而激起更大的困擾。那麼就請你站出來，轉換一下自己的角度，不要老是默默地躲在角落垂頭喪氣。

適當地找一些理由「安慰」自己，幫助自己走出低谷，或許你的心情會愉快起來。心理治療專家們都說，我們所感到的疲勞，多半是由精神和情感因素所引起的。

英國最有名的心理分析家德費，在他那本《權力心理學》裡說：「絕大部分我們所感到的疲勞，都是來自於心理的影響。事實上，純粹由生理引起的疲勞是很少的。」

一位美國著名的心理分析家布列爾博士說得更詳細，他說：「一個坐著的工作者，如果健康情形良好的話，他的疲勞百分之百是受心理因素，也就是情感因素的影響。」

什麼心理因素會影響到坐著不動的工作者，使他們疲勞呢？因為工作令他們不快樂？不滿足嗎？其實，是煩悶、懊恨，一種不受欣賞的感覺，一種無用的感覺，太過匆忙、焦急、憂慮——這些都是使那些坐著工作的人精疲力竭的心理因素。

大都會人壽保險公司，特別在一本討論疲勞的小冊子上指出了這一點：「困難的工作本身，很少是好好休息之後不能消除疲勞的主因。憂慮、緊張和情緒不安，才是產生疲勞的三大原因。」我們在勞心的時候，常常會產生這些不必要的緊張。

何西林說：「我發現主要的原因是，幾乎所有的人都相信愈是困難的工作，愈需要有一種用力去做的感覺，否則做出來的成績就不夠好。」於是我們一集中精神就皺起了眉頭，聳起了肩膀，要所有的肌肉都來「用力」。

事實上這對我們的思考，根本沒有絲毫幫助。碰到這種精神上的疲勞，應該怎麼辦呢？要放鬆！放鬆！要學會在工作時放輕鬆一點。

在二次大戰期間，邱吉爾已經六十多歲了，卻能夠每天工作十六小時，年復一年地指揮大英帝國作戰，實在是一件很了不起的事情。他的祕訣在哪裡？他每天早晨在床上工作到十一點，看報告、口述命令、打電話，甚至在床上舉行很重要的會議。

吃過午飯以後，再上床去睡一個小時。到了晚上，在八點吃晚飯以前，他又上床去睡兩個鐘頭。他並不是要消除疲勞，而是想使自己的心情一直處於放鬆狀態，以一顆平穩的心去思索問題，去贏得勝利，所以可以很有精神地一直工作到半夜。要做到放鬆並不容易，可是作這種努力是值得的，因為這樣可以使你的生活產生意想不到的變化。

威廉．詹姆斯說：「美國人過度緊張、坐立不安、著急以及痛苦的表情，這是壞習慣，不折不扣的壞習慣。」緊張是一種習慣，放鬆也是一種習慣，而壞習慣應該祛除，好習慣應該養成。

約翰．洛克菲勒創造了兩項驚人的紀錄：他賺到了當時全世界最多的財富，也活到了九十八歲。

他是如何做到這兩點的呢？最主要的原因當然是，他家裡的人都很長壽，另外一個原因是，他每天中午在辦公室裡睡半小時午覺，藉此來放鬆自己的心情，給自己留下足夠的空間迎接即將到來的挑戰。在他休息的時候，哪怕是美國總統打來的電話，他都一概不接。

沒有什麼東西是不能放手的，所有的哀傷痛楚，所有不能放棄的事情，不過是生命裡的一個過渡，跳過去，人生就可以變得更精彩！人凡事都應該想得開，想得通，正像一名哲學家所說的：「凡是現實的都是合理的，凡是合理的也都是現實的。」這樣，人才能撇開包袱，向前發展，在這裡我也希望所有的朋友，對於不能做得完美的事情，不要過於去追求完美。

那樣的話，我們付出很多，卻收穫甚微。一切事情將隨著時間的推移而得到解決，一切問題隨著時間的流逝都可能變得不成為問題。

辦法總比困難多，學會放鬆自己、學會自我解嘲，把自己從煩惱中解脫出來。讓自己更加快樂起來，更開懷地去領略生活當中的情趣，去品嚐生活當中的絲絲甜蜜，相信生活、相信自己！

心態調整好，出發才能跑

▼要學會既能接受自己，又能接受別人，還要善於接受現實。當我們不能改變環境時就必須去適應環境。不能改變別人時就改變自己，不能改變事情就改變對事情的態度。不能向上比較就向下比較。

人生漫長嗎？當你真的回過頭來想，光陰似箭。十多年的光陰已經在眼前閃過，短暫嗎？人生路上又常常是坎坷泥濘，荊棘滿佈。痛苦無助的日子是那樣的難熬。這一生自己該怎樣度過？一路上有人在悲泣，有人在歡歌，究竟有多少風風雨雨，悲歡離合與我們共存？面對人生，我不勝感慨。不去想是否能夠成功，既然選擇了方向，就風雨兼程，勇往直前吧。生活，既充滿了陽光，又佈滿了荊棘，在艱難的環境中，我們應該如何應對？積極的心態對於我們的成功非常重要。

大家都聽說過姜太公釣魚，願者上鉤的故事吧。姜太公名尚，字子牙，是輔佐周文王、周武王滅商的功臣。他在沒有得到文王重用的時候，隱居在陝西渭水邊的一個地方。姜太公常在溪旁垂釣。一般人釣魚，都是用彎鉤，上面掛著有香味的餌食，然後把它沉在水裡，誘騙魚兒上鉤。但姜太公的釣鉤是直的，上面不掛魚餌，也不沉到水裡，並且離水面三尺高。一天，有個打柴的年輕人來到溪邊，見姜太公用不放魚餌的直鉤在水面上釣魚，便對他說：「老先生，像你這樣釣魚，一百年也釣不到一條魚的！」

姜太公奇特的釣魚方法，終於傳到了周文王姬昌耳裡。姬昌知道後，派一名士兵去叫他來。但姜太公並不理睬這個士兵，只顧自己釣魚。姬昌聽了士兵的稟報後，改派一名官員去請姜太公來。可是姜太公依然不搭理。姬昌這才意識到，這個釣者必是位賢才，要親自去請他才對。於是他吃了三天素，洗了澡換了衣服，帶著厚禮，去聘請姜太公。姜太公見他誠心誠意來聘請自己，便答應為他效力。後來，姜子牙輔佐文王，興邦立國，還幫助文王的兒子武王姬發，滅掉了商朝，被武王封於齊地，實現了自己建功立業的願望。

有良好的心態，才能每天保持神清氣爽的好心情。心態好，運氣就好。打起精神來，好運自然來。要學會調整心態，有良好的心態，工作就會有方向，人只要不失去方向就不會失去自己。

八次科考落榜的明朝人歸有光，在嘉定招生開學，仍然含辛茹苦，發憤攻讀，終於寫下《震川文集》四十卷。著名醫學家李時珍，三次考試落榜後，下決心從醫，一生精心研究，走遍黃河流域、長江流域，經過二十七年的精心規劃，參考了八百多種醫書，寫下了醫學巨著《本草綱目》。清代文學家蒲松齡，四次考試落榜，深入民間進行採訪，寫出著名文學作品《聊齋誌異》。

美國著名的發明家愛迪生，小時候只上了幾個月的學，就被辱罵為「愚鈍糊塗」的「低能兒」，並且退學了。他眼淚汪汪地回到家裡，要媽媽教他讀書，並下定決心長大後要做一番事業。他不斷地做實驗，終於成了世界發明大王，他一生發明了一千多種東西，對人類作出巨大貢獻。

這樣的例子有很多很多，人生不可能是一帆風順的，不如意的事情總是十之八九，在遇到讓自己難過的事情時，你可以這樣想，現在只是暫時的，我只要努力就可以成功的，你要相信自己的能力。在遇到不開心和不如意的時候深深地吸一口氣，然後再吐出，讓自己放鬆一下：得意時淡然，失落時釋懷。

「樂觀者在災禍中看到機會；悲觀者在機會中看到災禍。」人活在世上，凡事都要看開點，看遠點，看淡點，心胸要豁達些、大度些，相信「任何事情的發生必有利於我，且辦法總比困難多」，沒有流不出的水和搬不動的山，更沒有鑽不出的迷宮及結不成的緣。無論遇到什麼事，要學會換個角度去思考，就會感到快樂。

有人雖然在人人稱羨的公司工作，他每天會有許多的不如意，苦惱總圍繞在他的身邊。有人工作單位一般，但他卻兢兢業業，每天都定下工作目標，並以此作為一種鍛鍊、成長的機會，而且以創造性的方式完成分內的工作，因而受到上級的表揚。陽光般的心態，火一樣的熱情，收穫著成果和幸福。人就應該樹立積極樂觀和寬容豁達的良好心態，這樣才會獲得心靈的寧靜和人生的快樂，帶來事業上的成就和生活上的美滿幸福。

我們必須要學會欣賞生命中的每個瞬間，要熱愛生活，熱愛生命，相信未來一定會更美好。別怕吃虧，「吃虧是福」啊。要學會既能接受自己，又能接受別人，還要善於接受現實。有人曾經這樣說：當我們不能改變環境時就必須去適應環境。不能改變別人時就改變自己，不能改變事情就改變對事情的態度。不能向上比較就向下比較。

這就告訴我們，人不能停下來等，要學會適應。要隨著時間、地點、環境的變化不斷地去調整自己的心態。要學會感恩、欣賞和給予，這樣你就會覺得你所做的一切都會是一種對他人的回報。常常保持這種心態，你就會天天快樂，幸福無比。「只要擁有積極進取的心態，勝過擁有一座金礦。」

心情定事情，心態定命運

▼歌德說過：「人之幸福在於心之幸福。」心態的不同必然導致人格和作為的不同。心態決定命運！

為什麼有些人就是比其他的人更成功，賺更多的錢，擁有不錯的工作。而許多人成天忙忙碌碌地工作，卻只能維持生計。其實，人與人之間並沒有多大的區別。

不少心理學專家發現，這個祕密就是人的「心態」。一位哲人說：「你的心態就是你真正的主人。」一位偉人說：「要麼你去駕馭生命，要麼就是生命駕馭你。你的心態決定誰是坐騎，誰是騎師。」

大概是四十年前，福建某貧窮的鄉村裡，住了兄弟兩人。他們忍受不了窮困的環境，便決定離開家鄉，到海外去謀發展。

大哥好像幸運些，被人口販子賣到了富庶的舊金山，弟弟則被賣到比中國更窮困的菲律賓。四十年後，兄弟倆又幸運地聚在一起。此時的他們，都已今非昔比了。做哥哥的，當了舊金山僑界的領袖，擁有兩間餐館、兩間洗衣店和一間賣場，而且子孫滿堂，有些繼承衣缽，有些成為傑出的工程師，有些是科技專業人才。

弟弟呢？居然成了一位享譽世界的銀行家，擁有東南亞相當份量的山林、橡膠園和銀行。經過幾十年的努力，他們都成功了。但為什麼兄弟兩人在事業上的成就，卻有如此的差別呢？哥哥說，我們中國人到白人的社會，既然沒有什麼特別的才幹，唯有用一雙手煮飯給白人吃，為他們洗衣服。總之，白人不肯做的工作，我們華人統統接下來做，生活是沒有問題，但事業卻不敢奢望了。

看見弟弟這般成功，做哥哥的，不免羨慕弟弟的幸運。弟弟卻說，幸運是沒有的。初來菲律賓的時候，只能承做一些低賤的工作，但發現當地人有些是比較愚蠢和懶惰的，於是便頂下他們放棄的事業，慢慢地不斷收購和擴張，生意便逐漸做大了。這是海外華人的真實奮鬥歷史，它告訴我們：影響我們人生的絕不僅僅是環境，心態控制了一個人的行動和思想。同時，心態也決定了自己的視野、事業和成就。

一個人能否成功，就看他的心態了。成功人士與失敗者之間的差別是：成功人士始終用最積極的思考、最樂觀的精神和最輝煌的經驗支配和控制自己的人生。失敗者則剛好相反，他們的人生受過去種種的失敗與疑慮所引導支配。

韓國影星李恩珠身亡的消息令無數喜歡她的影迷震驚、心痛不已。昔日，李恩珠的沉靜，甚至是神祕的氣質給媒體、觀眾留下了深刻的印象。臨死前，李恩珠在首爾檀國大學剛剛獲得學士學位。

然而，就是這樣一個正值青春年華的女孩，無聲無息地凋落，令人為之扼腕歎息。同時也也不禁想到，正要展露頭角的一位明星，竟選擇這種消極的方式結束自己的生命，可見她的心靈是脆弱的。

心態決定命運。一個人在社會生活中，總要扮演一個或多個不同角色，每個角色都會在社會這個大舞台上經歷慘烈的失敗，接受成功的喝采。意志薄弱、心態不成熟的人，對待現實生活中的挫折和打擊，往往習慣以消極悲觀的想法看待。

面對未來和生活，總是抱持著悲觀徬徨，對自己的過去，無論有無輝煌，都一概加以否定，心理上充滿了自責和痛苦。對未來缺乏信心，全盤否定自己的優勢和能力，無限地放大自己所遭受的挫折。長期的迷茫和抑鬱就像在自己心裡挖掘了一個沼澤，一不小心就會深陷其中而無力自拔，遭受滅頂之災。

從李恩珠的自殺，我想到了著名演員劉曉慶，不由對她生出佩服。劉曉慶是一位在社會旋渦裡幾經掙扎，仍然堅強地笑對生活的女性。她從演員到經商，從成功到失敗，她一步步堅強地走來。即使鋃鐺入獄後，從監獄釋放出來也沒有放棄自己的人生。

在年近半百的時候，仍然衝勁十足，出獄半年就接拍了五部電視劇。她堅強的意志和樂觀的心態，還是值得我們佩服的。

積極的心態是成功的催化劑，它能使懦夫成為英雄，從柔弱變為堅強，它使人性變得溫暖活潑，富有彈性，使人充滿進取精神，充滿衝勁和抱負。劉曉慶就是懷著這種積極心態去面對生活中的挫折和打擊，才能使她立於不敗之地。

一位哲人說過：「你的心態就是你真正的主人。」佛說，物隨心轉，境由心造，煩惱皆由心生，說的就是一個人有什麼樣的精神狀態，就會產生什麼樣的生活現實。歌德也曾經說過：「人之幸福在於心之幸福。」

心態的不同必然導致人格和作為的不同。不良的心態是形成不良性格與不愉快人生的主要根源，心態是我們命運的控制塔，而且它是我們唯一能夠完全掌握的東西。心態決定命運！

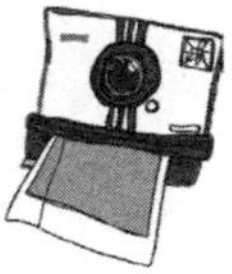

不要與人比，做好你自己

▼如果不比心裡難受，非比不可的話，倒不如把自己當做競爭對手，和自己比。沒有人能夠代替你，你就是這個世界上的唯一！

在現實生活中，人們總拿別人當比較，總希望自己比別人好。如果是透過這種比較來找差距，來激勵進步，那自然是好事。但如果是比享受、比處境，千方百計找關係，挖空心思排擠他人，那勢必走上歧路。

有的人總是與他人比吃、比穿、比帳戶裡的錢。自己比別人強時，則洋洋得意，趾高氣揚；不如別人時，則心煩氣躁，憤憤不滿。更有甚者，自己在業績上不如別人，便扯別人的後腿，後腿也扯不了，便獨自承受自卑心理的煎熬，這可是萬萬要不得的。事實上，「天外有天，人外有人」，我們不可能在任何方面都比別人強，都勝過別人。太愛面子的人，一味與強於自己的人比，結果由於心裡的弦繃得太緊了，損耗精神，很難有大的作為。雨果在《悲慘世界》中說：「全人類的充沛精力，要是都集中在一個人的頭顱裡，全世界要是都萃集於一個人的腦子裡，那種情況，如果延續下去，就會是文明的末日。」

俗話說：「聞道有先後，術業有專攻。」每個人都有自己的長處，也都有自己的短處，在這個世上都具有獨一無二的價值，就像人的手指，有粗有細，有長有短，它們各有各的用處，各有各的美麗，你能說大拇指就比小拇指好嗎？其實，最好還是不與人比，做好你自己。每個人都有自己的生活方式，有自己存在的價值和理由，何必要去和別人比呢？如果不比心裡難受，非比不可的話，倒不如把自己當做競爭對手，和自己比。拿自己的今天和昨天比，明天和今天比，使自己一天比一天充實，一年比一年長進。

曾任微軟（中國）公司總裁的唐駿在出任的三年間，給微軟創造了很多不同的企業管理決策。微軟在全球做過一個測試，請一家外聘的顧問公司，對每個員工以匿名的方式提問：你喜歡這家公司嗎？你喜歡你的老闆嗎？你喜歡這裡的氣氛嗎？——唐駿所帶領的微軟連續創造了三年的最高滿意度。

唐駿對自己性格的評價是：戰略的現實主義者，戰術的浪漫主義者。唐駿說：「我看問題只看三年，三年以後的事我從來不去想。對這三年中的戰略我非常清楚，每個三年的目標我都非常明確。制定了目標後，就用各種方法來實現。我反對庸俗的實現方法，那是低級的戰術，我要讓實現的每個過程都很享受。當我站在那裡，我覺得是很興奮地站在那裡，而不是很苦。」

唐駿說，對於這個問題，他年輕時代就想得很清楚。當時父母為了蓋房子，省吃儉用，日子每天都過得很苦，唐駿說：「換了我在那個年代做同樣的事，我絕對不會透過這種方法來實現。現在太多的人是戰略上理想化、浪漫化，而戰術上很苦、很累。」

唐駿的愛好很多。工作在上海，但在上海、北京都有自己組織的籃球隊。上海的球隊是星期六活動，北京的球隊是星期天活動。唐駿週末的安排是半天工作，然後週六參加上海球隊，週日飛到北京參加北京球隊。唐駿會吹薩克斯，經常會在酒吧與鋼琴師合奏一曲，偶爾興致來了也會高歌一曲。

唐駿的成功觀是：成功要和自己比，千萬不要和別人比。他說，論成功，如果與比爾・蓋茨先生相比，我可能永遠比不上。但和五年前、十年前的自己比，我是成功的。論打球，我永遠比不上姚明，但我覺得今年我的球技，比起去年就進步得多。成功是沒有可比性的，千萬不要跟你的偶像去比，自己才是衡量成功與否的標竿。

我們往往很羨慕別人的能力、才華、個性、際遇，只想做別人，而不想做自己。但是不要忘記：每個人來到這個世界上都是獨一無二的，你也有自己的長處，也可以成為讓人羨慕的人。

孔雀因為大家都愛聽夜鶯唱歌，但自己一唱歌就會被笑話，很苦惱，就向天神訴苦。

天神對它說：「別忘了，你的項頸間閃耀著翡翠般的光輝，你的尾巴上有華麗的羽毛，所以在這些方面，你是很出色的。」

孔雀仍不滿足：「可是在唱歌這一項上有人超過了我，像我這樣的嗓子，跟啞巴有什麼區別呢？」

天神回答道：「命運之神已經公正地分給了你們每樣東西：你擁有美麗，老鷹擁有力量，夜鶯能夠唱歌。這些鳥都很滿意天神對它們的賜予。」

這世界上根本沒有十全十美的東西，人也是如此，可能在此方面優秀，在彼方面低劣，這是無可辯駁的事實。追求完美的大有人在，別人的優點他也一定要有，一旦無法實現，就怨自己命不好，這樣未免太消極。畢竟人的一生時光有限，除非你是天才，否則不可能樣樣精通，其實，如果有一技之長並能在該領域內充分發揮個人的潛力，就可以算是成功的人。

每個人都有自己的長處，都有其存在的價值，正因為我們的存在，世界才變得如此可愛。

肯定自己存在的獨特性，品味自己的獨特性，發揮自己的特點，真正地做自己，人生才是美麗的、快樂的。如果你一味地看別人，就會忽略自己，這個世界上就少了一個你，難道這不是一個遺憾嗎？世界因為有你的存在，才變得豐富多彩。沒有人能夠代替你，你就是這個世界上的唯一！

生活苦作樂，笑口要常開

▼生命總是美麗的，不是苦惱太多，只是我們不懂生活；不是幸福太少，只是我們不懂把握。

生活中，艱苦是常有的，它是一個考驗，也是一個轉折點，這個轉折點好比是人生路上的岔道，可能通往完全不同的命運，端看你選擇以什麼樣的態度面對。如果你選擇灰心喪志，這條岔路將通向徹底的失敗，我們應該選擇另一條路——微笑面對，它使我們吸取教訓，堅定奮力，勇敢地向前方邁開腳步。

有個電視節目專門介紹名人的生平，讓觀眾從另一個角度認識家喻戶曉的名人們。這回，節目卻破天荒的介紹了一位默默無名的藝人。他只是一個普通的歌手，一個沒有固定工作，三十出頭的男人，但臉上始終帶笑容的歌手，在十一年的時間裡，參加了四百多場義演，捐出了自己辛辛苦苦賺來的三百萬元，資助了一百七十八名貧困學生。如今他是一個病人——一個被診斷為「胃癌末期」卻連醫療費也付不起的病人，但是他始終用微笑面對生活。當然，他還有一些很光榮的頭銜：愛心大使、最佳義工、海外義工。而他在接受採訪時則笑著說：「有人說我有三個頭銜：傻子、瘋子、神經病。」

一個被診斷為「胃癌末期」連醫療費也付不起的病人，卻還能用微笑面對生活，為什麼我們不能呢？有人說：「活著就是幸福，就是勝利，就是一切。」固然很有道理，可是如果人活著，連起碼的微笑也沒有，那他會幸福嗎？如果我們用微笑面對人生，人生也會用微笑面對你。

一個來自鄉下的年輕人，十六歲隻身來到台北，用了十二年的時間，累積了足夠的資本，靠著專業技能和固定的客戶，他建立起自己的木製品加工廠。然而，上天卻和他開了天大的玩笑，在工廠一切準備就緒的時候，一夜無情的大火將工廠燒為灰燼。

當他醒過來的時候，發現自己躺在病床上，只覺得全身上下陣陣劇痛，左腳被嚴重燒傷，面貌已經完全毀容。相戀五年多的女朋友見到他這副模樣，掉頭便離開。此時此刻的他，百感交集，感慨萬千。想不到一夜之間，一場無情大火把十多年來的心血化為灰燼，一個年輕英俊的顏面遭到火神無情的摧殘，美好的戀情也跟著泡湯了。這是何等殘酷的事情啊！

一個月後的深夜，他悄然地離開了醫院，獨自一人在街頭徘徊。他想走到大橋上，翻身跳下去。他想逃避這一切沈痛，無法承受的現實。

他怎麼都無法理解，為什麼上天要對他如此不公？此時此刻，已經沒有任何值得他去留戀的事了。他只希望能夠最後一次看到旭日從東邊升起，然後就縱身向河面跳下去。

晨曦初露，橋上的行人甚少，只是偶然間看到附近早市的小販用手推車推著一整車的蔬菜準備到市場去賣。那位菜販是個少婦，除了手裡推著的蔬菜，背上還背著嬰兒，從他的身邊經過。

嬰兒望著他張開小嘴，露出剛長出來的兩顆小牙齒，天真爛漫地微笑著。少婦從他身邊經過那刻，嬰兒的微笑映入他的眼簾中。那瞬間，他的心劇烈地顫動起來，一種從未有過的震撼感。

嬰兒好像很懂事似的，一直回頭微笑地望著他，一邊伸出小姆指往小嘴裡塞，嘴角邊不停地流淌著口水。他被嬰兒的微笑深深地吸引住了，不知怎的，腳不由自主地跟隨著少婦，一直走下橋去。

直到少婦在廣場上消失，他才發覺自己已經置身於人群中。從此以後，他決定以樂觀的態度去面對人生。他時常對別人說：「嬰兒無論對任何人都能用微笑去面對，我活了近三十年體會到的東西竟然還不如一個嬰兒。」

如果我們擁有微笑，就會擁有幸福的人生；如果想擁有幸福人生，那就用微笑面對它吧！

鄧麗君的歌唱到：「如果人人能夠，互相帶微笑，這個世界是多麼美好」人生需要微笑，讓我們一同用微笑面對生活吧！

微笑像陽光，給大地帶來溫暖；微笑像雨露，滋潤著大地。微笑擁有和愛心一樣的魔力，可以使飢寒交迫的人感受到人間的溫暖；可以使走入絕境的人重新看到生活的希望；可以使孤苦無依的人獲得心靈的慰藉；還可以使心靈枯萎的人得到情感的滋潤。統一企業董事長高清愿的養生之道就是：「一天要三次開懷大笑，可以延年益壽。」笑一笑，十年少。永遠微笑的人是快樂的，永遠微笑的面孔是年輕的！微笑猶如陽光揮灑大地的盎然；清風撫摸樹林的溫暖；夕陽燃燒天空的熾熱；浪花沖刷礁石的激情……

幸福的詮釋是微笑；快樂的意義是微笑；溫暖的真諦是微笑；挫折的鼓勵是微笑；堅強的象徵仍然是微笑。陽光雨露，鳥語花香，對於每個人都公平給予；歡樂喜悅，煩惱憂傷，卻屬於每一個人私有。生命總是美麗的，不是苦惱太多，只是我們不懂生活；不是幸福太少，只是我們不懂把握。面對生活，不論是失意，還是挫折；不論是烏雲密佈，還是困難重重，我們都要選擇微笑。

上天有禮物，人間有挫折

▼如果現在的挫折能帶給你未來的幸福，請忍受它；如果現在的快樂會帶給你日後的不幸，請拋棄它。

人都有失意的時候，然而，挫折，是上天送給你最好的禮物。人只有在遭遇挫折，被他人百般刁難、歧視時，才能讓自己在當頭棒喝中驚醒過來，這豈不是一生中最珍貴的禮物？

生命中的每個挫折、每個傷痛、每個打擊，都有它的意義。

有一個博學的人遇見上帝，他生氣地問上帝：「我是個博學的人，為什麼你不給我成名的機會呢？」

上帝無奈地回答：「你雖然博學，但樣樣都只嘗試了一點點，不夠深入，要用什麼去成名呢？」

那個人聽後便開始苦練鋼琴，雖然後來彈得一手好琴卻還是沒有出名。他又去問上帝：「上帝啊！我已經精通了鋼琴，為什麼您還是不給我機會讓我出名呢？」

上帝搖搖頭說：「並不是我不給你機會，而是你抓不住機會。我暗中幫助你去參加第一次鋼琴比賽時，你缺乏信心，第二次又缺乏勇氣，這怎麼能怪我呢？」那人聽完上帝的話，又苦練數年，建立了自信心，並且鼓足了勇氣去參加比賽。

他彈得非常出色，卻由於裁判的不公正，被別人佔去了成名的機會。那個人心灰意冷地對上帝說：「上帝，這一次我已經盡力了，看來上天注定我不會出名了。」

上帝微笑著對他說：「其實你已經快成功了，只需最後一躍。」

「最後一躍？」他瞪大了雙眼。

上帝點點頭說：「你已經得到了成功的入場券——挫折。現在你得到了它，成功便成為挫折給你的禮物。」

這一次那個人牢牢記住上帝的話，他果然成功了。

高爾基有一句名言叫做：「苦難是一所學校。」在這所學校裡，只要認真刻苦，都能收到「挫折的禮物」。

伊琳‧艾根曾在慈愛會中與令人景仰的泰瑞莎修女共處三十載。後來，她在一本書中記述了泰瑞莎修女對待人生的態度——

一次，當伊琳‧艾根做完彌撒，和泰瑞莎院長談到人間諸多的困難挫折時，泰瑞莎修女對伊琳說：「其實，世上的艱難困苦又何嘗不是俯拾皆是？但如果我們視其為上天恩賜的禮物，那麼人們生活便會減少幾許悲觀，平添許多快樂……」

不久以後，伊琳和泰瑞莎院長為了一件慈善工作搭飛機去紐約，但飛機起飛前卻發現了故障，被迫停飛。

當時，伊琳感到失望又沮喪，但她想起了泰瑞莎院長曾說過的話，便對她這樣說道：「院長，我們今天得到了一份『小禮物』——我們得待在這兒等四個小時，你不能按原先的計劃趕回修道院了。」

泰瑞莎修女聽完伊琳的話，微笑著看了看她，然後便安然地坐下來，拿出一本書，靜靜地讀了起來。從那以後，每當伊琳在生活中遇到磨難與挫折時，便會用這樣的話語來表達：「今天我們又得到了一份禮物」、「嗯，這可真是個特殊的大禮物」……而這些話竟然有著神奇的效果，往往就在不經意間，困頓難釋的心境變得開朗，莫名的煩惱也消失不見，連微笑也會在說話間悄悄爬上人們的臉頰……

當這種特殊「禮物」不期而至時，你生氣煩惱是沒有用的，做些能力可及的事去改變不利環境和解決問題才是最重要的，不要讓它們破壞你的心情，打亂你的節奏。面對挫折，我們應該學會承受。

孟子說：「天將降大任於斯人也，必先苦其心志。」

沒有人該為你做些什麼，該為你承擔什麼，因為你是你，你應該對自己負責，承擔應承擔的責任。不會承受就不會索取，不會承受就不會釋放，承受是磨鍊、凝聚、造就和孕育。它是越千山、渡萬水，達到黃金彼岸的先決條件。

無法承受挫折，在佈滿荊棘的人生旅途上，就無法建造堅強堡壘，結出成功果實的。

社會紛繁複雜，可能會承受別人的不友好、會承受自己的過失，但我們應明白自己該做些什麼。也許你會說就垂頭喪氣、忍氣吞聲、自認倒楣吧。千萬不可，我們要做的事，是要學會堅強，勇敢應對，化腐朽為神奇。

在歷史故事裡，我們知道越王勾踐臥薪嘗膽；岳飛時時不忘「靖康恥，猶未雪」。我們也知道蘇秦「頭懸樑，錐刺股」；蘇東坡屢屢被貶，卻仍然集詩詞書畫之大成。

他們今天之所以被後人所稱讚，因為他們是在承受了困難之後，不離不棄，又重新站起來！

有人說：「挫折是一所最好的大學，它激發人的鬥志，磨礪人的意念，增長人的才幹，挫折是壓力，是動力，是當頭棒喝，是催人奮進的力量！」是的，生活需要挫折！我們都需要挫折！

古往今來，許多名人賢士怎樣成就不平凡的事業？是挫折，挫折使他們原本平靜的理想之湖激起壯美的浪花；使他們和緩的心靈之曲奏鳴出雄壯的旋律！

那麼，就不該害怕挫折，只要拿出勇氣和毅力，迎接挑戰，主動出擊，像山澗中的溪流那樣，不因巨石斷崖而卻步，在崇山亂石間開闢自己的路，最終流向廣袤的海洋。

太陽每天都是會升起的，勇敢去挑戰吧，記住海明威在《老人與海》中的名言：「人不是生來要被打敗的，你可以毀滅他，但你就是打不敗他。」

Chapter 03

替人著想，
贏得對方的幫助

我們生活在交往頻繁的社會中，
一個人孤軍奮戰很難達到理想的目標。
必須與人為善，幫助別人，
同時獲得他人幫助，才能走得更遠。
只有隨時考慮到他人的感受，努力學習，
才能在幫助別人的過程中也贏得別人的幫助。

學會替別人著想

▼生活是人與人的鏈接，假若不想掉進深淵，就要牽住別人的手，給予他人力量的同時，自己也得到生存和發展的支持。

美國汽車大王福特說過一句話：「假如成功有什麼祕訣的話，那就是設身處地替別人著想，瞭解別人的態度和觀點。」因為這樣，你和對方不但能得到最適當的溝通和諒解，而且能更清楚地瞭解對方思維中的盲點，瞄準目標擊中要害，使你的說服力大大提高。

曾經有人說，如果想讓別人相信你是對的並按照你的意見行事，首先必須使人們喜歡你，否則就注定失敗。可是如果你不能設身處地站在別人的角度思考，找出真正的訴求，又怎麼可能獲得對方的信任和喜歡呢？

印度偉人甘地有一次在乘火車時，突然一隻鞋子掉入了鐵軌旁，此時汽笛聲宣告火車已經開動，看來不可能下去撿鞋了。於是甘地急急忙忙把還穿在腳上的另一隻鞋子也脫下，扔到那一隻鞋子旁邊，這才回到自己的座位。同行的人不解地問甘地為什麼這樣做，甘地認真地說：「這樣一來，路過鐵軌旁的窮人就能得到一雙鞋子。」

這是流傳在坊間很久的故事，甘地遇事考慮的不是自己，而是別人的處境，掉了一隻鞋子後，他想到的卻是，只有兩隻鞋子才能成雙，也才能被人利用，這在一般人看來，簡直就不可思議，這也正是偉人高於常人之處。

為他人著想可以讓我們超越狹隘心靈的束縛，真正做到超越「小我」；也可以讓自己在寬容別人的時候，也給予自己一片清涼！

人與人之間相處，難免有誤解、有矛盾，這時，如果能設身處地為他人著想，你就會選擇寬容選擇忍讓，如此一來，你的委曲求全也就能感化對方，所謂的矛盾也就迎刃而解了。著名物理學家史提芬·威廉·霍金的夫人

——珍·霍金就是一位善於「為他人著想」並因此贏得聲譽的傑出女性。

一九六三年僅二十一歲的史提芬·霍金被診斷患有肌肉萎縮症，不久後便完全癱瘓，長期禁錮在輪椅上。一九八五年，霍金因肺炎做了氣管手術。此後，他更完全喪失了說話能力，只能靠安裝在高科技輪椅上一個可以感應臉頰肌肉抽動的感應器和語言合成器與他人進行交流。據說，當史提芬大笑時肌肉動作過猛，感應器便會感應並解譯成一串亂碼。

在這樣一個令人難以置信的艱難狀況中，霍金成為世界公認的引力物理學家。像霍金這樣喪失了行動與說話能力的人，如果沒有妻子珍對他的悉心照料和無私奉獻，或許難以想像他的成功。

畢業於倫敦大學的珍原想去外交部工作，但為了照料霍金，她放棄了自己的錦繡前程，甘心做一個忙忙碌碌而又盡職盡責的家庭主婦。然而，霍金家族中的某些人卻總是對她很不友善，特別是霍金生性孤傲的妹妹菲麗，總是不時地冷嘲熱諷。一次，菲麗生病住院了，珍陪著霍金去醫院探望，人都到了病房門口，珍卻被告知，菲麗只想見霍金不想見她，那一刻，珍感到十分委屈又尷尬。但她很快就控制住自己的情緒，設身處地為菲麗著想：一個人生病住院，心情當然不好，自己想來看她就是希望她有個好心情，既然她不想見到自己，一定有她的道理。這樣一想，心中的委屈與懊惱便煙消雲散了。於是，她微笑地目送丈夫走進了病房，自己留在病房旁門口的長凳上一邊看書一邊等丈夫，一等就等了兩個多小時。

兩個月後，珍收到菲麗寄來的一封信。在信中，菲麗為了醫院探病的事情向珍道了歉，並表示從此以後，她將成為珍最忠實的朋友之一。可以想像，如果珍在探視病人被拒後拂袖而去，甚至衝進病房與病人理論，那麼兩人原本就不和諧的關係最後只會更加趨向惡化，而珍因為願意設身處為對方著想，選擇了忍讓和委曲求全，終於打動並感化了對方。憑著忍讓的美德，珍消除了菲麗對她的偏見，贏得了霍金家族上上下下的尊重和歡迎。

人心是一面鏡子，可以照照別人，也可以看看自己。我們希望別人怎樣來對待自己，自己最好就要先以同樣的方式去對待別人。人人心中都有一個秤，那些對他人冷漠、自私自利的人，最終也會被疏遠；相反，一個人如果充滿愛心，處處都能設身處地為他人著想，「以身為度」、「以己量人」，也一定會從他人身上得到回報。

有一位盲人，晚上出門總提著一個明亮的燈籠。路人覺得很奇怪，就問他：「你又看不見，為什麼還要提著燈籠走路？」盲人認真地回答說：「這個道理很簡單，我提燈籠當然不是為了自己，而是為別人照亮道路，讓他們能看見我，這樣既能幫助別人，又可以保護自己。」

一個人只考慮自己，而不考慮別人，是難以取得成功的。因為一個只考慮自己的人，關心的只是自己的得失，其行事準則是：自掃門前雪，不管他人瓦上霜。生活是人與人的鏈接，假若不想掉進深淵，就要牽住別人的手，給予他人力量的同時，自己也得到生存和發展的支持。

設身處地為他人著想，人與人之間少不了諒解，主動去理解別人也是一種寬容。我們都有被「冒犯」、「誤解」的時候，如果對此耿耿於懷，心中就會有解不開的「疙瘩」；如果我們能深入體察對方的內心世界，或許能達成彼此的諒解。替別人著想是一種愛護，一種體貼，一種寬容，一種理解！

空杯心態，學得更快

▼謙虛使人進步，驕傲使人落後。

生活在高速發展的時代，一個不想被社會所拋棄的人，一定要有終身學習的目標。只有當我們把心態放低，把自己想像成一個「空杯子」，以謙虛的心態、飽滿的熱情投入到新事物、新知識的學習之中，我們才能更快速完整的吸收所學習的事物。擁有「空杯」心態的人，才能夠不驕傲自滿，不故步自封，贏得人生的勝利。

亨利・福特曾經說過：「任何停止學習的人都已經進入老年，無論他是二十歲還是八十歲；堅持學習的人就能永保青春。」

我們知道一杯裝滿清水的杯子是難以盛下其他物品的，但如果是半杯水，我們還有機會再裝半杯，如果是空杯，那就更豐富了，可以盛咖啡、茶水、果汁……任你所願的裝滿和利用。

任何事物都不能太過執著，尊重身邊每一個人，所謂「三人行，必有我師」。真的要學習，應把自己歸零，倒空杯子，理性地學習。

哈佛大學校長曾在一場訪問中講述了一段自己的親身經歷。有一年，校長向學校請了三個月的假，然後告訴自己的家人，不要問我去什麼地方，我每個星期都會打電話回家報平安。

校長隻身一人去了美國南部的農村，嘗試著過另一種全新的生活。在鄉下，他到農場去打工，去飯店刷盤子。在田地做工時，即使是背著老闆偷閒抽支煙，或和自己的夥伴聊兩句，都讓他有一種前所未有的愉悅。最有趣的是最後他在餐廳找到一份刷盤子的工作，才做了四個小時，老闆便把他叫來，對他說：「可憐的老頭，你刷盤子太慢了，你被解雇了。」

「可憐的老頭」重新回到哈佛，回到自己熟悉的工作環境後，卻覺得以往熟悉繁雜的例行公事都變得既新鮮又有趣起來，煩悶的工作變成為一種全新的享受。這三個月的經歷，像一個淘氣孩子的惡作劇一樣，充滿驚險刺激。自己原本洋洋自得，甚至呼風喚雨的哈佛大學校長職位，還有自認的博學與多才，在那三個月中一文不值。更重要的是三個月過去，當生活重新回到原始狀態以後，不自覺地也清理了原來心中積攢多年的「垃圾」。

這個故事說明學無止盡，我們必須定期讓自己復位歸零，清除心靈的污染，才能更自在地享受工作與生活。

一個人要想進步，首先就必須具備空杯的心態。不管自己的才能或所掌握的知識有多高多好，都必須把心態放空，讓自己回歸到零，如此才能保持適度的職業恐懼感，隨時處於學習的狀態，將每一次都視為新的開始、新的經驗，不計較一時的待遇得失，如此才能實現更大的進步。

帕布洛・卡薩爾斯是世界首屈一指的大提琴演奏家。他即使到了九十多歲的高齡，仍然堅持每天練習六個小時。在他九十五歲的時候，英國BBC電視台為他做了專訪。

記者小心翼翼地問卡薩爾斯一個自己非常好奇的問題：「您已經是世界上最出色的大提琴演奏家了，為什麼每天還在孜孜不倦地練習呢？」

卡薩爾斯回答道：「哈哈，我也想停止練習，但每天練習後我總是還能感覺到自己在不斷地進步。」

我們的周圍有很多像卡薩爾斯這樣的人。越是成功的人越不滿足於自己的成功。我們也不應陶醉於現在所取得的成就，不管是在工作上還是在生活中，要始終保持自強不息的心態，不斷開拓新的領域。

培根曾經說過：人們愈是賢明，愈要彎著腰向他人學習。謙虛使人進步，有很多傑出的人物，正是因為謙虛，所以不自滿，永遠不會停下來，一步一步走向成功。

福特汽車公司的創始人福特一世十六歲便開始闖天下，依靠傑出的管理專家和機械專家，使福特公司成為世界上最大的汽車公司。但老福特面對成功後的榮耀忘乎所以，以為一切都是自己的功勞，漸漸地再也聽不進別人意見，公司裡一批批菁英人才紛紛離去，使公司每況愈下，瀕臨破產。

一九四五年福特二世上任，接過老福特的爛攤子，開始禮賢下士、勵精圖治，重新聘請了一批管理人才，開始重整旗鼓。福特汽車公司果然漸漸起死回生，達到了新的高峰。但小福特又重蹈覆轍，總是獨斷專行，把自己視為公司內至高無上的皇帝，弄得公司內部人人自危。八〇年代初期，福特二世不得不交出大權，並被公司除名。

這也正應驗了中國的一句老話：謙虛使人進步，驕傲使人落後。

世界球王貝利在二十多年的足球生涯裡，參加過一千三百六十四場比賽，共踢進一千兩百八十二個球。並創造了一個人在同場比賽中射進八個球的紀錄。他超凡的足技不僅令萬千觀眾心醉，也常使球場上的對手拍案叫絕心服口服。他不僅球技高超，而且談吐不凡。當他個人進球記錄滿一千個時，有人問他：「您覺得自己哪一場球踢得最好？」貝利笑了，意味深長地說：「下一場。」

儘管貝利的球技已經出神入化，但他從不因現有的成績驕傲，總是不斷地在進步，成為足壇的神話。

總之，無論是個人、團體、還是一個民族或國家，都必須善於向他人學習，只有這樣才會有進步、有希望，才能在錯綜複雜的形勢下立於不敗之地。

拒絕「長舌」心態

▼人類最難控制的器官是舌頭，最難壓抑的慾望是言語。

《伊索寓言》裡有則故事，說的是伊索做奴僕的時候，有一天主人要宴請當時的哲學家，吩咐伊索做最好的菜來招待貴賓。伊索於是收集了各種各樣的動物舌頭，準備了一席舌頭宴。

開席時，主人賓客都大惑不解，伊索說：「舌頭能言善辯，對尊貴的哲學家們而言，難道不是最好的菜餚嗎！」客人們都笑著點頭稱是。

主人又吩咐他：「我明天要再辦一次宴會，菜要最壞的。」

到了第二天，宴席上的菜仍是舌頭。主人大發雷霆，伊索卻幽默地說：

「禍從口出，舌頭是最好的東西，也是最壞的東西啊！」

每個小圈子裡都會有一些「長舌」人士。這些「長舌頭們」天性愛說話，正如王安石在一首詩中形容的：「幸身無事時，種種妄思量，張三褲口窄，李四帽簷長。」有些人總是精力過剩，熱衷於道聽途說、誹短流長，有時本不想搬弄是非，最後卻常常鬧得雞飛狗跳。和這種人相處，如同使用一把雙刃劍，用對了游刃有餘，弄不好既傷別人又傷自己。因此，要注意掌握分寸和火候，把掌控自己的心態。

宋人趙善嘹的《自警錄》載有一則故事：呂蒙正曾於宋太宗、宋真宗在位時擔任過三次宰相之職，在他初登相位一次上早朝的途中，忽聽朝堂幕簾後面傳來一位官員的聲音：「這個無名小子也配當宰相嗎？」

當時很多官員都聽到了，呂蒙正卻裝著沒聽見，頭也沒回徑自向朝堂走去。旁邊的同僚為此感到不平，執意要派人查究，被呂蒙正制止。

他對同僚說：「這樣的小事何必追究，不問，對我也沒什麼損害。反過來說，倘若我知道了他的姓名，恐怕終身不能復忘，這位朝士也會因此惴惴不安，彼此之間就會心存芥蒂，所以知其姓名不如不知。」

身為高官的呂蒙正，用開闊的心胸對待背後的非議，不追究，不打擊報復，可謂「宰相肚裡能撐船」。

在現實生活中，確實存在一些愛在背後說人閒話、愛撥弄是非的人，因此，正確對待、妥善處理應該成為必備的能力。也有一些人在這方面處理得並不好，例如，一聽到有人在背後說自己壞話就火冒三丈，情緒激烈；有的人遇事表面裝得很冷靜，很大度，暗中卻耿耿於懷，忌恨於心，尋機報復；還有的人對此類問題則採取針鋒相對的辦法，給對方施以高壓，製造麻煩……

這些都不是正確對待背後非議的辦法，遭人背後非議時，心態一定要擺正，否則，會給大家帶來不好的結果。俗話說「人言可畏」，但只要處理的方法得當，也沒有什麼可畏懼的了。

在我們努力不讓自己成為「長舌」的犧牲品時，也應該仔細審視自己的言行，拒絕自己的「長舌」心態，不在背後議論他人的是非，講話注意分寸，背後表揚人，多講其優點，當面批評人，指正其缺點。

喜歡在背後議論的人，嘴巴總是沒有分寸的，聽了風就是雨，從來沒想過謠言的真實性；慣於背後議論的人，腦袋不善於分析問題，快嘴快舌，從來不怕失去理智丟了原則；善於背後議論的人，思想上沒有真理和政治，從來不計後果；善於背後議論的人，工夫都用在撥弄是非上，從來不為別人負責，當然也不為自己負責。

如果對背後亂議論作深入的分析，就看得出來，它是陰暗的，真要到公開場所來討論，它總是心虛理虧站不住腳；它也是隨意的，是一種不負責任的發洩，是一種不受約束的濁流。這樣的言論，總是在傳來傳去的無形中被誇大，儘管傳話的人可能並無惡意，一旦被受議論者聽到後，卻可能傷透他的心。

人類最難控制的器官是舌頭，最難壓抑的慾望是言語。想要堵住一個人的嘴巴，恐怕是不可能的。更何況這些話語幾經相傳，最後被當事者聽見時，已經是惡意話語之集大成了。相形之下，被議論的主角對那些散播謠言者的反感和氣憤程度，是可以想像的，被議論的主角或許會產生永遠不再與那些人說話、共事的想法，這樣一來，和諧的群體氣氛必然遭到破壞。

某人不在場時，絕對不要對這個人的行為作任何不負責任的評論，這是起碼應有的修養。哪怕你並沒有一點惡意，也是絕對不允許的，因為謠言會為群體造成難以估量的損失。如果真想給某人一些批評建議的話，最好跟本人面對面單獨進行，在沒有他人參加的場合下，有條有理，心平氣和地交談。隨便輕率地說話，或單純為了發洩私憤而信口開河，都是一個人不夠成熟的表現。

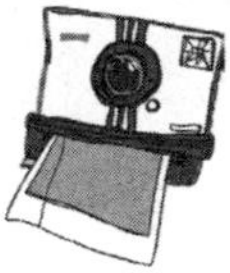

拿捏好說話的分寸

▼不斷自省與修煉，學會說話的藝術。

人際交往中的分寸拿捏是一種智慧，需要不斷修煉。古人云：「得意便思有矜辭色否，失意便思有怨望情懷否。」無論得意時還是失意時，都需要不斷自我反思與修煉。

說話的分寸就是其中最難掌握的，有些人能很適當地掌握說話的分寸，直而不肆，既拉進雙方的距離，又很得體；有些人則完全不懂得說話時掌握分寸，因此常常得罪人，不利於人際交往。

某位女性官員在一次記者招待會上曾遇到一個很棘手的私人問題。記者問：「請問部長，你為何至今還是單身一人。」對此部長該回答無可奉告呢，還是避重就輕、含糊了事？人們揣測著各種可能出現的回答方式。然而，部長的回答大出眾人意料，她既不迴避，也不閃爍其詞。

她說：「我從不信奉獨身主義。但現在之所以仍然單身，和年輕時的想法多少都有點關係，年輕時看了一些文學作品，心裡有一個屬於自己標準的白馬王子，遺憾的是而這種人在現實生活中是不存在的；除此之外，也總覺得先立業而後成家，又總覺得理想中的工作目標沒有真正達成。一晃眼二十年就過去了，等到發現時年紀也大了，工作又忙所以就算了吧！」

這一個坦率的回答使眾人感到吃驚，同時也為之感動，正是這種坦誠直率的實話拉近了大家的距離，也正是這種誠實的作風使她成為對外貿易談判中令人豎指稱讚的女性。

說話當然要坦誠，不能撒謊，但是坦誠也需要技巧。否則也可能會招致別人的不快，為自己帶來麻煩。所以，坦承直言需要拿捏分寸和場合。

洛克菲勒一生至少賺進十億美元，但他捐給社會公益事業的錢就有七點五億美元。

他對金錢的看法是：我不但不做錢財的奴隸，還要把錢財當做奴隸來使喚。

洛克菲勒習慣到一家熟識的餐廳用餐。飯後，他總是會給服務生十五美分的小費。有一天不知何故，他只給了服務生五美分。服務生不禁埋怨道：「如果我像您那樣有錢的話，絕不會吝嗇那十美分。」

洛克菲勒笑一笑，說：「這就是你為何一輩子當服務生的緣故。」

還有一次洛克菲勒來到一家旅館，要求住最便宜的房間。

服務生問：「先生，您為什麼要住最便宜的房間呢？您的兒子來這兒，總是要求最貴最好的房間啊？」

「是啊！」洛克菲勒回答說，「因為他的父親是富翁，而我的父親只是個窮人。」

洛克菲勒的幽默充滿著智慧，可見其說話的藝術。

有時，懂得幽默和委婉，就能夠恰當地表達出自己的意思，同時又讓對方願意接受，達到自己的目的。

有一次居禮夫人過生日，丈夫皮耶用一年的積蓄買了一件名貴的大衣作為生日禮物送給愛妻。當她看到丈夫手中的大衣時，愛怨交集，她既感激丈夫對自己的疼愛，又覺得不該買這樣貴重的禮物，因為那時正需要實驗經費。她婉言道：「親愛的，謝謝你！謝謝你！這件大衣確實是誰見了都會喜愛的，但是我要說，幸福是內斂的，就算你送我一束鮮花祝賀生日，對我來說也很好。只要我們永遠一起生活、奮鬥，這比任何貴重禮物都要珍貴。」

這一席話使丈夫明白花大錢買禮物確實有欠妥當。

伏爾泰曾有一位僕人，做事總是有些懶惰。一天伏爾泰請他把鞋子拿過來。鞋子拿來了，但佈滿污泥。於是伏爾泰問道：「你早晨怎麼不把它擦乾淨呢？」

「用不著，先生。路上都是污泥，兩個小時以後您的鞋子又和現在的一樣髒了。」

伏爾泰沒有講話，微笑著走出門去。僕人趕忙追上說：「先生慢走！鑰匙呢？食櫥上的鑰匙，我還要吃午飯呢。」

「我的朋友，還吃什麼午飯。反正兩小時以後你又將和現在一樣餓了。」

伏爾泰巧用幽默的話語，點出了僕人的懶惰。如果他厲聲呵斥他、命令他，就不會有這麼好的效果了。

有這樣一個故事：

從前，有個愛說實話的人，無論有什麼事情他總是照實說，所以不管到哪兒，他總是被人趕走。就這樣，他變得一貧如洗無處棲身。

最後，他來到一座修道院，指望著能被收容進去。修道院長見過他，問明了原因以後，認為應該尊重熱愛真理，並且總是說實話的人。於是，把他留在修道院裡安頓下來。修道院裡有幾頭牲口已經不中用了，院長想把它們賣掉，可是他不敢派手下的人到市集去，怕他們把賣牲口的錢私藏腰包。於是，他就叫這個人把兩頭驢和一頭騾子牽到市集上去賣。

這人在買主面前只講實話說：「尾巴斷了的這頭驢很懶，老喜歡躺在稀泥裡。有一次，長工們想把它從泥裡拽起來，一用勁，拽斷了尾巴；第二頭禿驢則是特別倔，一步路也不想走，他們就抽它，因為抽得太多，毛都禿了；最後這頭騾子呢，是又老又瘸。如果幹得了活兒，修道院長幹嘛要把它們賣掉啊？」

結果買主們聽了這些話，當然都不買了。這些話在市集上一傳開，誰也不來買這些牲口了。於是，這人到晚上又把它們趕回了修道院。

中國古代有句老話叫「直言不諱」，但是，既能講出「直言」，又懂得「直言」的技巧，讓聽話的人愉快地接受，這樣不是更好嗎？

低調做人是一種品德

▼低調讓人更容易看清腳下的路。

低調做人，就是用平和的心態來看待世間的一切，修煉到此種境界，為人便能善始善終，既可以讓人在卑微時安貧樂道，豁達大度，也可以讓人在顯赫時持盈若虧，不驕不狂。

普雷姆吉被稱為是印度的「比爾蓋茲」，他居住在班加羅爾，平常所駕駛的不過是一輛破舊的福特汽車，而且他覺得沒有什麼比開車六個小時到附近的一個小山丘上徒步旅行更讓他欣喜的事了。

在印度國內旅行時，他堅持與手下的員工一起坐經濟艙。他位於倫敦西部帕丁頓的辦公室發言人對此解釋說：「我們沒有什麼區別，這樣會使你更接近客觀實際，我認為有太多的CEO失去了對客觀事實的敏感，他們生活在一個不同的世界裡。殊不知他們的全部機會都是在發展中國家，這些國家的生活水平與已開發國家完全不同，如果總是高高在上，他們怎麼樣才能接近實際情況呢？」顯然，普雷姆吉把與部下打成一片看成是避免脫離現實的方法，同時這也是他為人低調的表現。

低調讓人更容易看清腳下的路，因此也會走得更加踏實穩健。

古今中外很多偉人都是低調做人的典範，他們的成功得到了社會廣泛的認同、支持和讚譽。面對這個詭譎多變的世界，只有懂得低調做人，才能在社會的舞台上演好每一個角色，在人生的旅程中走好每一段路。

富蘭克林是美國開國元老之一，在他年輕時有一回到一位老前輩的家中做客，當他抬頭挺胸走進一座低矮的小茅屋，才剛進門就「碰」的一聲，他的額頭撞在門框上，青腫了一大塊。老前輩笑著出來迎接說：「很痛吧？你知道嗎？這是你今天來拜訪我最大的收穫。一個人想要洞察世事，練達人情，就必須時刻記住低頭。」富蘭克林記住了，也成功了。

在南美獨立戰爭期間的一個冬天，某軍營有一位班長正指揮士兵安裝一根大樑：「加油，孩子們！大樑已經動了，再使把勁兒，加油！」

這時，一個衣著樸素的軍官路過這裡，見班長這個架勢便問他：「你為什麼不和大家一起動手呢？」

「先生，我是班長！」班長驕傲地回答。

「噢，你是班長……」軍官說了一聲，立即下馬，和士兵一起工作了起來。

大樑裝好後，軍官對班長說：「班長先生，如果您還有什麼任務並且需要人手的話，請您儘管吩咐本司令好了，我會幫助您的士兵。」

班長頓時愣住了——原來這位軍官就是南美獨立戰爭的著名統帥：西蒙．玻利瓦爾。

西蒙．玻利瓦爾崇尚的是低調人生。在人類的發展史上，類似西蒙．玻利瓦爾這樣的事例真是不勝枚舉。低調似乎是世界上很多名人志士欣賞並採取的共同人生態度。

低調，是因為他們高瞻遠矚、胸襟開闊、眼光遼遠，清楚地知道人外有人天外有天。

低調，是因為他們涵養淵深、思想成熟、悟事精深，明白洞悉趾高氣揚頤指氣使，並不能主宰世事浮沉。

達文西說得好：「微小的知識使人驕傲，豐富的知識使人謙遜，所以空心的禾穗高傲地舉頭向天，而飽實的禾穗卻低頭向著大地，向著它們的母親。」

當瑞典文學院宣佈，南非作家庫切榮獲二〇〇三年諾貝爾文學獎時，誰能想到這位被譽為南非最好的文學家，竟然「很少有人知道他」。

既然成就如此之高，那為何很少有人知道他呢？原來，庫切是一個非常低調的人，兩次獲得布克獎之後都拒絕去倫敦領獎。而且，他喜歡獨自生活，很少接受採訪。最讓人跌破眼鏡的是，瑞典文學院官員在宣佈完這個獎項後也說：「我們現在還沒有聯繫到他本人。」

耐人尋味的是，不但庫切如此低調，二〇〇二年的諾貝爾文學獎得主、匈牙利文學家凱爾泰斯也是如此。他獲得當年的諾貝爾文學獎時，也是許多人都不認識他。《環球時報》在採訪過他後，報紙標題居然是《他很低調，他很孤獨》。古今中外無數事實一再證明，文學創作是寂寞孤獨、純粹又高尚的事業，不但不能有半點浮躁，更沒有捷徑可走。只有扎扎實實、矢志不渝、不追逐名利、耐得寂寞和孤獨，方能成就大業。

這或許也正是凱爾泰斯和庫切攀上文學最高峰的奧妙所在。

二次大戰時期美國名將，麥克·阿瑟留下了一句名言：「即使你功成名就，也更要虛懷若谷。」

低調做人是一種姿態，一種風格，一種修養，一種胸襟，一種智慧，一種謀略，或是一種攻略，是做人的最佳姿態。

欲成事者必要能寬容於人，才能進而為人們所容納、讚賞、欽佩，這正是人能立世的根基。根基既固，才有枝繁葉茂，碩果纍纍；倘若根基淺薄，難免枝衰葉弱，不禁風雨。而低調做人就是在社會上鞏固立世根基的絕好姿態。

低調做人，不僅可以保護自己並融入人群，與人們和諧相處，也可以讓人暗蓄力量悄然潛行，在不顯山不露水中成就事業。

幫助別人，等於自助

▼當你給朋友一份快樂時，你也就擁有了兩份快樂！

我們在生活中經常遇到想不開或不能理解相互矛盾的事情，當然也經常遇到別人求助於自己或是自己幫助別人的情況。這時一定要想著幫助別人就是幫助自己，才能增加同理心，加深友誼。多想著幫助別人，要寬心對待別人，善意對待求助的人，因為助人如助己。

奧黛莉赫本有一項非常有意思的紀錄：她從沒看過心理醫生。一位叫史塔勒的醫生對此產生了濃厚的興趣。因為他經常在深夜接到一些著名主持人和影視明星的電話，要求他給予心理上的幫助。這些人都是衣食無虞，崇拜者如雲，表面上看來是世界上最幸運的一群人。

史塔勒身為心理學家，很想從赫本身上找到一些學術突破。結果他發現，赫本做過六十七次親善大使，在一九五六年到一九六三年間，她幾乎每個月都到碼頭監獄和黑人社區做義工。有一次她謝絕了貝爾公司每小時五萬美元的慶典邀請，去醫院為一位小男孩做免費護理服務。史塔勒對這一發現很重視，他認為這裡面蘊藏著心理學的某種意義。於是他繼續針對其他熱心公益的名人進行研究，最後發現這些人也很少有怪癖或是不良記錄，他們和赫本一樣，幾乎沒有看過心理醫生。

從赫本的經歷我們可以發現一個祕密：一位樂於從事公益活動的人在幫助他人的時候，同時也讓自己的精神得到了慰藉，善待了自己的靈魂。

在別人遇到困難的時候，如果你願意慷慨地伸出一隻手給他，或許在將來他也能夠回送你一個擁抱。

有個貧窮的小男孩為了賺學費正挨家挨戶地推銷商品，累了一整天的他此時感到十分飢餓，但是他全身上下的錢只剩下一角，他決定向一戶人家討口飯吃。

當一位美麗的女孩打開大門的時候，這個小男孩卻有點不知所措了，他沒有要飯，只乞求給他一口水喝。但是這位女孩拿了一大杯溫熱的牛奶給他。

男孩慢慢地喝完牛奶，問道：「我應該付多少錢？」

女孩回答道：「一分錢也不用付。你現在在困難中，我應該幫助你的。」這位男孩十分感動，牢牢地記住了這一次的恩惠。

數年之後，當年的小男孩已成為一位有名的醫生了，不幸的是那位善良的女孩卻得了一種罕見的重病，當地的醫生對此束手無策。於是她被轉到大城市醫治，會診的專家之一恰巧就是當年那個小男孩。

這位專家一眼就認出床上躺著的病人就是那位曾幫助過他的恩人。為了報答當年的牛奶之恩，他決心一定要竭盡所能治好這個女孩的病。皇天不負苦心人，經過努力的研究，手術終於成功了。

當醫藥費通知單送到這位病人手中時，她不敢看，因為她確信治病的費用將會花去她全部的財產。最後，她還是鼓起勇氣翻開了通知單，旁邊的那行小字引起了她的注意，突然之間她淚流滿面：「所有的費用，早已用當年那一杯溫熱的牛奶付清了。」

幫助別人就是善待自己。每一個人都不是孤獨地活在世上，我們需要相親相愛，共同與困難、災難抗衡。或許天堂和地獄的區別便在此：地獄是一個自私自利、不為他人的空間；而天堂則是一個互利互助、充滿愛和關懷的花園。所以說，不要吝嗇你的舉手之勞，為別人摘一顆星星的同時，你也可以同時感受到它的照射。

那是一個漆黑的夜晚，沒有月亮也沒有星星。有個人因為急事必須要到住在郊區的同事家，為了趕時間他彎入一條偏僻的小巷打算抄近路。小巷裡沒有路燈，他心裡害怕得直怦怦跳，真後悔走了這條路，可是事已至此，只好硬著頭皮向前走。走著走著，突然他發現前面有一處光亮，似乎有個人提著燈籠走著，於是疾步趕了上去，正想打聲招呼，卻發現他是一個盲人，一手拿著竹竿小心翼翼的探路，另一手提著一隻燈籠。他納悶了，忍不住問那個盲人：「您自己看不見，為什麼要提個燈籠趕路？」

盲人緩緩地說道：「這個問題不止一個人問我了，其實道理很簡單，我提燈籠並不是為自己照路，而是讓別人容易看到我，不會誤撞到我，這樣就可保護自己的安全。而且，這麼多年來，因為我的燈籠為別人帶來光亮，為別人引路，人們也常常熱情地攙扶我，引領我走過溝坎，使我免受許多危險。這豈不是幫助了別人，也幫助了自己嗎？所以，每到晚上出門，我總提著一盞燈籠。」

朋友們，你有什麼感想呢？對於盲人而言，提燈籠確實是多此一舉，但對別人來說卻很有用呢。就是因為盲人的燈籠帶來了光亮，人們在黑暗中才不至於摔跤，同時盲人自己也得到了幫助。這不正說明了幫助別人就是幫助自己嗎？

在這個世界上，一個人的力量總是單薄的，無力去解決生活中的所有問題，而且要單獨走完這漫漫人生之路，是多麼孤寂，又多麼危險。任何一個人都離不開他人的幫助，常言道：「一個籬笆三個樁，一個好漢也要三個幫。」正是由於大家相互幫助相互關懷，這世界才會這般溫暖與美好。

朋友們請記住，當你給朋友一份快樂時，你也同時擁有了兩份快樂！

伸出你我的手，讓我們相互幫助相互關懷，人人都獻出一份愛，讓這個世界變得更加美好！

Chapter 04

甩掉包袱，讓自己輕鬆上路

世上原本沒有路，走的人多了也就有了路。
今天所走的路，雖然走的人並不多，
走的時機並不成熟，但走的方向卻很肯定。
有了通向目標的路，在行走的過程中，
難免會遇到各式各樣的人、經歷各種不同的事。
初入社會，遇到的人或許都可以作為自己的老師，
經歷的事情或許都是走向成熟所必須經歷的。
能保持著善於學習的心態，
平心應對每天所經歷的事情，或許就是一種進步。

忍辱負重贏得成功

▼悲觀者把屈辱當成打擊，樂觀者把屈辱當成激勵，兩者不同的人生態度導致了不同的結局。

做人的本質，不僅在於如何把握機遇，更在於你如何忍受屈辱。

並不是所有的人都有好身世，也不是所有的人都能憑借自己的奮鬥出人頭地。這個世界上，還有很多人，他們沒有富可敵國的身家，沒有獨一無二的絕技，也沒有拿得出手的文憑。

難道他們就不需要娶妻生子，就沒有擁有家庭的權利？不，在這個世界上，人人生而平等，每個人都有生存、自由與追求幸福之權利。

看那些成大事業者，往往都是從屈辱中走過來的。這裡，我們並不是在宣揚「羞辱」的經歷是讓一個人成功的元素，我們要說的是，如果你不幸遭遇到了羞辱的事情，那麼不要覺得難堪，不要覺得抬不起頭，事實上，要樂觀地面對人生：羞辱可以鍛鍊韌性，可以成就強者。

我們有一個傳統理論，叫「寧當雞頭不做鳳尾」。所以，東南亞有一家著名的乳品企業集團，由於領導階層的互相不容忍，現在已經分成了三家。到二〇〇二年底，這三家公司每天處理原乳的能力加起來不到一千五百噸。

一千五百噸到底有多少？這麼說好了，三家公司加起來還不如歐美一家乳品廠的處理能力。世界上成功的企業都是越做越大，這幾年，很多企業做著做著就分家了。我們總說要做大做強，但我們又總在「雞頭」與「鳳尾」間爭執。這是傳統理論和企業家「醜陋」的地方。

這不能不引起我們的深思。有個老長官曾語重心長地教育我說：「受不了委屈怎麼帶人呢？」

想要做企業家，也應該能受得了委屈。有「寧當雞頭不做鳳尾」的念頭，但更應該有「忍辱負重」的精神。最後，往往是能忍辱負重的人成了大事。「負重」，是中國企業家精神中最應該具有的重要內容。

企業家〈人生〉要學會妥協。妥協被認為是懦弱，其實，妥協是人類發展、融合的基礎，妥協經濟將成為企業市場交流的主流形式。

人在遭受了屈辱後，一般都會有兩種選擇：有的人承受不起這樣的折磨，從此悲觀厭世、意志消沉，最終身體的屈辱導致了精神的委靡，從此一蹶不振；有的人即使身體遭受了巨大的折磨，但是熱情的生命力不減，他們有著頑強的意志和鬥爭力，終於贏得了人生的榮耀。正確地看待屈辱，把它當成一種刺激意志向前的動力，能做到這點的人才是真正的智者。

有一次，一位戲劇家邀請他的朋友阿瑟・米勒來家中做客。閒聊中，阿瑟・米勒暗示道：像您這樣的老作家，肯定是包圍在一片榮耀和吹捧中的吧。

戲劇家笑了笑，從書架上拿了一本裝訂精美的冊子，上面裱著的是畫家朋友寫給他的一封信，上面寫到：「我不喜歡你後來編的戲碼，一個也不喜歡。你的心不在戲劇裡，你失去了神奇的靈通寶玉，你為地位名利所蒙蔽！命題不鞏固、不縝密、演繹分析也不夠透徹，過去數不盡的精妙休止符、節拍、冷熱快慢的安排，那一籮筐的雋言妙語都消失了……」信中對戲劇家的批評字字嚴厲，甚至有明顯羞辱的味道。

阿瑟・米勒非常不解，如此一封使自己難堪的信，為何還精心地裝裱在精美的冊子裡呢？他解釋道，這封信就是不斷地鞭策著他前進最好的警惕，每當他覺得懶散時，就拿來閱讀一下，進而激勵自己繼續向前。

生活中不斷地會有大大小小的委屈發生，關鍵是看你處理它們的態度。如果你因為老闆一句羞辱你的話而辭職不幹，那麼你就永遠都沒有機會向他展現你強大的一面。記住這些屈辱，但是不要被它纏住。有人因為屈辱而自暴自棄，有人因為屈辱而奮發圖強，這就是真正的弱者和強者的差別。

悲觀者把屈辱當成打擊，樂觀者把屈辱當成激勵，兩者不同的人生態度導致了不同的結局。嘗試著對那些屈辱笑一笑吧，把它們帶來的鬱悶轉化成強大的動力，拿它們當作刺激我們前進的馬達。或許正是這些屈辱，讓我們更早發現了自己的短處。

人生的路上如果總是鮮花和掌聲，反而會蒙蔽我們的心靈，遮住我們的眼睛。感謝那些適時飛來的臭雞蛋吧，或許正是它們才能把我們及時砸醒。

不要管別人的不屑和斥責。自怨自艾沒有辦法幫你在這個競爭如此激烈的城市生存的更好。

魯迅《自嘲》詩裡的名句：「橫眉冷對千夫指，俯首甘為孺子牛。」或許對於現在的你我來說才是真本事。

拾起自信，讓我們一起重新上路！伸出雙手，讓我們一起高呼：加油！

困境最怕的是微笑

▼面對困境需要養成這些心態和能力：一、平常心。二、表達的能力。三、洞察的能力。四、預見的能力。

人人都有陷入困境的時刻，可能是求學求職的艱難，可能是被人際關係的漩渦打敗，也可能是在某一段時間遭遇情感衝擊……那麼，你是否有過困境般的經歷？面對困境怎麼辦？微笑吧！樂觀一些，別把事情看得太重，否則辛苦的只會是你自己。學會把一切看得淡一些，那自己也不會那麼悲觀失望了，要有一種天塌下來當被子蓋的精神。

越是有大成就、大作為的人，反而越是能坦然地面對困境。他們的經歷令自己明白，磨難和困境才是幫助他們成功的動力。

巴爾扎克曾經這樣說道：困境是珍貴的賜予，它是天才的晉身之階，信徒的洗禮之水，能人的無價之寶，同時也是弱者的無底之淵。困境以其可怕的面貌出現，可是當你不斷前進，勇於探索，揭開它的真面目以後，你會發現美好的風景原來藏在其中。

生活是一面鏡子，你對著它微笑，它也會對著你微笑；你對它發怒，把它擊碎，那麼你也只會看到那個支離破碎的自己。而困境恰恰又是生活的一種形式，所以你要對著困境微笑，這個微笑不是沒有意義的傻笑，而是對自己的一種鼓勵，一種自信。只有敢於面對生活，敢於面對困境，才是命運的掌控者。

中國大陸萬向集團總裁魯冠球，曾是世界著名財經雜誌《富比世》統計的中國大陸富豪榜中排名第四的人。他是一個白手起家的企業家，更是一個不怕困難、艱苦創業的強者。

從白手起家到如今的成就，其間的困難或許不是你我所能想像的。魯冠球因為這些困難怕了嗎？止步了嗎？沒有。讓我們共同來看看這位人生的掌控者是如何微笑地走過困境的。

魯冠球十五歲時便已輟學，成為一個打鐵匠的小學徒，經過三年的學徒生活，魯冠球對機械農具變得非常熟悉，也使他對機械設備產生了一種特殊的情感。

一九六九年他大膽接管了一個農機修配廠。當時這個農機修配廠只是一個小小的破廠房，經營的不好，眼看著就要支撐不下去的爛攤子。修配廠以前接到國外汽車博覽會訂單而生產的產品，仍然大量堆積在倉庫裡。由於沒有銷路，工廠已經有半年不能按時發給工人薪水了。面對著剛接下來的燙手山芋，魯冠球沒有退縮，也沒有愁眉苦臉。他積極地行動起來，仔細分析工廠的情況，對所有的問題逐一對症下藥。

另外，他總是面帶笑容，不但給了自己鼓勵，也把整個工廠的氣氛帶動起來，人人都覺得這個笑容就是代表工廠有救了。魯冠球召集三十多名業務，兵分幾路，天南地北，到處探聽汽車博覽會的生產銷售管道，周旋於各地汽車零組件公司之間，為產品找到了銷路。

後來，他又將經營策略做了一點轉變，一步一步地從困難中走出來。魯冠球曾說：「面對挫折和失望，我曾經獨自徘徊在錢塘江畔。當時，看到那些滾滾波濤，壓在胸口的苦悶和失望一下子煙消雲散，我對人生又充滿了激情和希望。我不相信命運總是對我如此無情。而我承受苦悶和失望的毅力，就是在記不清多少次的苦悶和失望中練成的！」

當所有的人為了他今天的顯赫成績而羨慕不止時，又有幾個人會想到，其實他也是從困境中一步一步走出來的。在三十多年的成長歷程中，他帶領著企業歷經了無數次的磨難，在這些困境的摸索中，他才找到了正確的方向，創造了一個跨國集團公司。

那麼我們面對困境到底該怎麼辦呢？首先應該要勇於去做，同時要具備大量知識；其次應該具有的是自己所從事行業所要求的能力，對以後的生涯來說，現在需要養成這些能力：

一、平常心

這個非常重要，人應該經常保持謹慎的樂觀和謹慎的悲觀。逆境是最好的老師。積極的態度像春風化雨一樣化解心頭的煩惱。形勢一片大好時應該想到困難，形勢不佳時應該能夠看到希望。即使是在「風暴」中也能夠從容，冷靜面對，讓損失降到最小。

二、表達的能力

如果想擁有支持者，表達很重要。總是寄望別人因為道義而給予同情心，不會有好效果。不管是寫還是說，都應該能正確地表達出自己的思想和觀點。

三、洞察的能力

如果沒有獨到的慧眼，取得成功似乎不太容易。如果像霧裡看花一樣，那麼所作出的任何決定只不過是在賭博，風險就會變得很大。對於一些微小的變化，如果能夠及時地發現，就能夠獲得成功，避免損失。

四、預見的能力

如果比別人先到一步，有時就會意味著比別人多出很多的成功機會，跟在別人後面只會撿到剩下的。如果有預見的能力，加上洞察先機，就會比其他人提前一步，更容易得到機會的眷顧。

現任副總統蕭萬長先生在一九九五年參選嘉義市立委時，曾經去見過法鼓山創辦人聖嚴法師，聖嚴法師送給他「四它」心轉法門，使他不再執著於選舉勝敗。

四它就是：面對它、接受它、處理它、放下它。

面對它：正視困境的存在，不自欺欺人；

接受它：接受困境的事實，不怨天尤人；

處理它：用智慧處理事情，以慈悲對待他人；

放下它：盡心盡力就好，不計成敗得失。

困境最怕的是微笑。敢於對生活困境微笑的人，是真正會成功的人！

良藥幽默醫治身心

▼幽默不是成功者的專利，在工作中取得成就的人，並非都是最勤奮的人，而是善於理解他人和頗有幽默感的人。擁有幽默感的人即使面對困難也會輕鬆自如。

幽默有益於身心健康，尤其是在現代社會中，每一個人的生存壓力都很大，每一個人都應該學會用幽默這一劑良藥來醫治自己的身心。更何況，積極向上的生活是需要幽默和笑聲來點綴的。

德國哲學家康德活了八十歲，他認為幽默對人的健康長壽大有裨益。他說：「人是能笑的動物。不學會幽默和風趣，人就太苦了。」

他的學生赫德爾後來回憶說：「老師在壯年時期所養成的樂觀情緒和幽默感，一直保持到晚暮之年。」

據說美國某些科研機構已經推行幽默療法，幽默可以使許多患者全身肌肉得到鬆弛，解除煩惱、內疚、抑鬱的心理狀態，從而更有利於疾病的治療。研究表明，幽默可以減輕煩惱帶來的鬱悶感，減輕病痛帶來的痛苦感，有利於調節情緒和消除身心疲勞。

一位極富個性和幽默的老革命將領，因為年事已高但身體卻仍然硬朗，大家便稱他為「軍中不老松」、「百歲將軍」的稱號。殊不知在當年的長征路上，作為參謀長的他，本應配給座車。但上級派來的軍事顧問，卻因為不喜歡他，藉故取消了他的配車。面對如此歧視和不公，孫毅卻一笑置之：「沒有了四個輪子，我還有兩條腿嘛！」

就這樣，他毫不介意地，憑著自己一雙鐵腳板走完了長征路途。每當有人提起這段不愉快的往事時，老將軍總是豁達地調侃道：「我還真要感謝那位顧問先生，他讓我鍛鍊了兩隻腳，為健身打下了基礎。」

多麼幽默而富有大將氣魄，我想老將軍之所以能夠健康長壽，與他的這種幽默人生觀脫離不了關係。

在人生道路上，令人鬱悶的事情常會發生。倘若能夠有一顆聰慧的、幽默的心，便可以化鬱悶為動力，方能擁有一個快樂的人生。幽默不是成功者的專利，事實上它可以表現為一種自嘲，一種調侃，一種風趣詼諧的生活態度，它不僅對我們自身的心情有益，同時也影響了我們周圍的人。

有位年輕人，才剛買了一部摩托車便被一場意外撞成了殘廢。面對著肇事者，很多人以為他會大罵一頓洩恨，不過這個聰明的年輕人卻如此說道：「唉，我以前總說，要是有一天能有一輛摩托車就好了。現在我真擁有了一輛摩托車，而且真的只有一天！」

周圍的人都笑了，連肇事者也忍不住為這個年輕人的胸懷豎起了大拇指，他沒等年輕人張口，便主動掏出了全部的賠償費用。

幽默有益於身心健康，這是有科學依據的。現代心理學研究證明，人的大腦皮質層有個「快樂中樞」，幽默正是其最佳的刺激源之一。「快樂中樞」接受幽默的刺激之後，便呈現出興奮狀態，在人的身體內產生一場「生物化學風暴」，能夠緩解緊張的精神狀態和心理負擔，洗刷生理疲勞和精神倦怠，改善體內循環，增強心、肺、肝、腸的功能，促進免疫能力，進而達到平衡自己心態和改善人際關係的目的。難怪有的科學家把幽默比喻為強壯體魄、調節情緒的身心解毒劑，是人最忠實、最省錢的家庭醫生。

幽默常會給人帶來歡樂，其特點主要表現為機智、自嘲，調侃、風趣等。確實，幽默有助於消除敵意，緩解摩擦，防止衝突被激化，還有人認為幽默能激勵士氣，提高生產效率。

美國科羅拉多州的一家公司透過調查證實，參加過幽默訓練的中階主管，在九個月內生產量提高了百分之十五，而病假次數則減少了一半。測驗證明了沉悶乏味的人和具有幽默感的人，在以下幾個方面存在著差異，而這些差異正是幽默感心理調節所發揮的功能。

一、智商與幽默感的關係，經多次心理測驗證實，幽默感測試成績較高的人，往往智力測驗成績也較高，而缺少幽默感的人則智商平平，有的甚至明顯缺乏應變能力。

二、人際關係具有幽默感的人，在日常生活中都有比較好的人緣，他可在短期內縮短人際交往的距離，贏得對方的好感和信賴。而缺乏幽默感的人，在與人交往時會有一定程度的影響，也會使自己在別人心目中的形象大打折扣。

三、在工作中善於運用幽默技巧的人，總是能保持一個良好的心態。據統計，那些在工作中取得成就的人，並非都是最勤奮的人，而是善於理解他人和頗有幽默感的人。

四、面對困難時表現的幽默，能使人在困難面前表現得更為樂觀、豁達。所以，擁有幽默感的人即使面對困難也會輕鬆自如，利用幽默消除工作上帶來的緊張和焦慮；而缺乏幽默感的人，只能默默承受痛苦，甚至難以解脫，這無疑增加了自己的心理負擔。

顯而易見，人們具有幽默感，有助於身心健康。因此，要善於培養幽默感，如有機會可參加專門的幽默訓練，但更重要的還是，從自我內心修養和鍛鍊出發來提升自己的幽默感。

要釋放胸襟，開闊心懷，不要對自己有不切實際的過高要求，不要太在意別人對自己的看法，學會善意地理解別人。正確地認識自我，不論在什麼樣的環境中總是保持一種愉悅向上的好心情。

要主動交際，緩解壓力，交往是人的本能行為，主動擴大交際面，有利於緩解工作壓力。在人際交往中，使自己交際方式大眾化，與人為善，主動幫助他人，從中獲得人生樂趣。

我們要掌握幽默的基本技巧，一是必要時先「幽自己一默」，即自嘲，開自己的玩笑；二是發揮想像力，把兩個不同事物或想法連貫起來，以產生意想不到的效果；三是提高語言表達能力，注重與身體語言的搭配和組合。

幽默就是力量。如果在交往中逐步掌握了幽默技巧，就能巧妙地應付各種尷尬的局面，有效的調節生活，甚至改變人生，使生活充滿歡樂。

自信的人生最美麗

▼是種子，就會發芽，就會破土而生；有希望就會生根，只要相信自己，對任何事情都不灰心，努力打拚，因為一切皆有可能。

很多事實證明，自信是大多數人所共同具備的人格特質，也是一個人獲得成功的重要因素。一個人只要不怕被別人擊倒，他會再次爬起來，最可怕的是自己把自己擊倒，他也就再也沒有希望了。怎樣才能避免「自己把自己擊倒」呢？那需要自尊和自信。

自信的人生是永遠不會被社會擊敗的，除非他自己最後精疲力竭，無力再往前邁步。

自信是奠定人生成功的基石，成功之路必須踏著自信的石階步步登高。有了自信，人才能達到自己所期望達到的境界，才能成為自己所希望成為的人，堅持自己所追求的信仰。無論在什麼情況下，自信者的格言都是：「我想我能夠做到的，雖然現在還做不到，以後一定可以的！」

自信不僅能改變周圍的環境，還能改變他自己。

一個典型的例子：心理學家從一群大學生中挑選出一個最愚笨、最不討人喜歡的女學生，並要求她的同學們改變以往對她的態度，要盡全力關照她。在這段日子裡，大家都爭先恐後地照顧這位女同學，向她獻慇勤，陪她回家，不管是真心還是假意，大家非常認真的執行這個實驗，認定她是位漂亮聰慧的女孩。結果怎麼樣呢？不到一年，這位女學生變得落落大方，連她的舉止也與之前判若兩人。她聰明地對人們說：她獲得了新生。確實，她並沒有變成另一個人——然而在她身上卻展現出每一個人都蘊藏的潛質，這種美只有在我們自己相信自己，周圍的所有人也都相信我們、愛護我們的時候才會展現出來。

可見，自信能夠創造奇蹟，創造美麗的人生。

但是，自信並不是天生的，也不是任何人都具備的。很多人的自信心其實並不高，尤其在經過一番人生歷練的折磨，嘗到一些生活的苦辣酸甜，有些人很容易就自慚形穢起來。還有的人竟然學會如何貶低自己，以此來為自己所遭遇的失敗合理化，他們認為，自信是一種危險的特質，人越自信，就越容易碰釘子，越容易成為眾矢之的，所以他們選擇夾著尾巴過日子。

還有的人，從小就失去了自信，因為大人們總是這樣訓斥他們：「瞧，你這個笨蛋，傻瓜，窩囊廢，將來一定沒什麼出息！」久而久之，他們也就真的認同了這些話，以後稍微碰上個小失敗，他們就會這樣寬慰自己：「反正我從小就是一個笨蛋和窩囊廢，怎麼能異想天開呢？」

生命對於每個人來說只有一次，我們要沿著人生的軌跡慢慢地走過歲月，走過生活。所以我們要把握好生命裡的每一分鐘。

我們的生活就是一杯五味酒，酸甜苦辣鹹俱全，在我們的人生中，每一味酒我們都會品嚐到。如果你正確地面對它，那麼無論哪一味酒，你都會品出不同的色彩，演繹出不同的人生。

恩格斯曾說：「勇敢和必勝的信念常使我的戰鬥得以勝利結束。」就是他的自信，才讓他有所成就，有所作為。曾經擔任過美國足球聯合會主席的戴維•杜根說過：「你認為自己被打倒，那你就是被打倒了。你認為自己屹立不倒，那你就屹立不倒。你想勝利，又認為自己不能，那你就不會勝利。你認為你會失敗，你就失敗。一切勝利皆始於一個人求勝的意志與信心。生活中，強者不一定是勝利者；但是，勝利遲早都屬於有信心的人。」「與其臨淵羨魚，不如退而結網。」如果你希望成功，就不要灰心，因為灰心就會失望，失望就會動搖信念，動搖信念就會失敗。曾經看到一篇文章說：「自信人生二百歲，會當擊水三千里。」成功也罷，失敗也罷。只要我們在這個過程中，盡心竭力，孜孜以求，它就會成為我們一生中最為寶貴的經驗。

成功是每個人最大的願望，但是人生不可能一帆風順，失敗總是接踵而至。一個人的失敗並不可怕，可怕的是不能面對失敗，終至沉淪。深埋在悲觀中，失去了繼續人生的勇氣。那只能讓時間將自己磨蝕、腐化，人生從此失去了光彩。人的生命只有一次，所以我們要把握好現在，給自己一份自信，走出心靈的沼澤地。

常言說得好：「是種子，就會發芽，就會破土而生；有希望就會生根，只要相信自己，對任何事情都不灰心，努力打拚，因為一切皆有可能。只要有自信心，就會披荊斬棘，踏平坎坷。讓我們用自己的雙手，創造出屬於自己的自信人生之路，我們頭頂依然是一片明朗的天空。讓我們充滿自信，揚起風帆，走向輝煌的明天。」

想要別人相信你，首先你必須自信。人只要對自己充滿自信心，就可能戰勝困難而獲得成功，這是德國精神學專家林德曼用親身實驗證明的。

林德曼認為，一個人只要對自己抱有信心，就能保持精神和身體的健康。當時，德國舉國上下都關注著獨木舟橫渡大西洋的悲壯冒險，已經有一百多名勇士相繼遭到失敗，無人生還。林德曼推斷，這些遇難者一開始一定不是先從身體上敗下陣來的，主要是死於精神崩潰、恐慌與絕望。為了驗證自己的觀點，他不顧親友的反對，親自進行了實驗。

一九〇〇年七月，林德曼獨自駕著一葉獨木舟駛進了波濤洶湧的大西洋，他在進行一項歷史上從未有過的心理學實驗，預備付出的代價是自己的生命。在航行中，林德曼博士遇到難以想像的困難，多次瀕臨死亡，他眼前甚至出現了幻覺，感覺也處於麻木狀態，有時真有絕望之感。但只要這個念頭一升起，他馬上就大聲自責：懦夫，你想重蹈前人的覆轍，葬身此地嗎？不，我一定能成功！終於，他勝利渡過了大西洋。

如果對自己都沒有信心的話，很少有人會對你有信心，許多人一事無成，就是因為他們低估了自己的能力，妄自菲薄，以至於縮小了自己的成就。一個人缺少了自信，就容易對環境產生懷疑與戒備，即所謂的「天下本無事，庸人自擾之」。

自信是成功的首要條件，自信可使人處變不驚，反敗為勝，可以產生巨大的精神力量。相信自己就要克服自卑心理，相信自己和聽取別人的意見這兩件事，要有效地結合起來，不能剛愎自用，相信自己要建立在理性的基礎上，要自信但不要自負。正如卡內基所說：相信自己是有才華的人才，才對人類最有益。

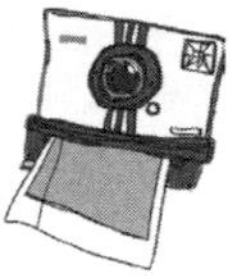

生活不平淡然處之

▼生命是不公平的，我們無法改變生活現狀、自身處境，所以要學會適應它。

生活真是個奇妙的東西，有時給我們快樂，有時給我們煩惱，有時對我們公平，有時找我們麻煩，我們就在這樣快樂與煩惱，公平與失衡的交織中一天天度過，突然有一天沒有人找我們麻煩了，也沒有人給我們不公平待遇了，我們還真的很難適應。

這也許就是痛並快樂著的意思吧！的確，人生裡一帆風順的事情不多，幾乎每天都會遇到一點煩心事，遇到一些障礙物。

大家都會碰到不順利的事情，都會有煩惱，這已經成了正常的現象。當我們非常羨慕一個人無憂無慮時，也許他就正在被煩惱困擾著。

這個世界本身就不是平的，一不小心還會平地上摔個跟斗，更不用說這是個人和金錢互相交織的社會了，要在社會中獲得生存和發展，沒有一點忍耐的決心和毅力還真有點困難。面對著所謂的不公平，庸庸之輩只會埋怨，而不以實際行動去改善，結果差距越來越大；智者則會坦然地接受它們，積極地用後天的努力去改變這種不平，贏得了自己的人生，也贏得了更多的敬佩。

史蒂芬．威廉．霍金是「黑洞」理論和「量子」學說的創始人，對於他而言，命運是很不公平的，他是一位肌肉萎縮性側索硬化症患者。

由於肌肉嚴重衰退，他失去了行動能力，手不能寫字，話也講不清楚，終生都要靠輪椅生活。但是他並沒有因為這些身體的殘廢而怨天尤人，也沒有因為身體受到局限而停止學術的探索。

相反地，史蒂芬．威廉．霍金曾先後畢業於牛津大學和劍橋大學，並獲頒劍橋大學博士學位。

由於身體行動的不便，他只能用一個小書架和一塊小黑板完成他的研究過程。

在他的研究過程中，他克服了無數次常人無法想像的困難，最終在天文學的尖端領域——黑洞爆炸理論的研究中，透過對「黑洞」臨界線特異性的分析，發現了驚動天文界的重大成就，為此獲頒了一九八〇年度的愛因斯坦獎金。

然而，這位失去了行動能力的科學家在一九八五年病情惡化，連語言能力也被剝奪了。這時候的他依然沒有浪費任何時間埋怨命運，他利用一台電腦聲音合成器來間接表達他的思想，分秒必爭地在他有限的生命中創造奇蹟。

他用僅能活動的幾個手指操縱一個特製的滑鼠，在電腦螢幕上選擇字母、單字來造句，然後透過電腦播放聲音。有時候，為了合成一個小時的錄音演講就要準備十天。

身體如此的不便卻絲毫沒有減慢他研究的速度，他在整合二十世紀物理學的兩大基礎理論——愛因斯坦的相對論和普朗克的量子論方面走出了重要一步。

如今他已經被稱為現代最偉大的科學家，「當今的愛因斯坦」，我想這種殊榮，史蒂芬．威廉．霍金當之無愧。

生命是不公平的，你要適應它，人所在的世界本身就是不公平的。為什麼在過去的時代裡，白人被視為上等人，是天生的貴族，而黑人就被視為下等人，生來卑微、低賤？為什麼在同一片藍天下，有些人過著幸福安定的生活，有些人卻生活在水深火熱，飢不擇食的環境中？為什麼有人可以天生健康，有人卻天生殘疾？這一串串問號叩擊著人們的心扉……正如「我們無法改變天氣，但可以改變心情」一樣，我們無法改變生活現狀、自身處境，所以要學會適應它。

有個雜誌對企業第二代進行專訪，這些年輕的企業小開們住在別墅裡，是社會的尖端份子；他們開著名車，往返於父執輩白手起家的產業中——他們被視為新時代的驕子。

而在深山裡，本應享受陽光雨露的孩子們卻早早地挑起家庭的重擔，挑水、劈柴，一點都無法享受到大好的青春年華。這就是命運，這就是生活。

這個世界並不會在意你的自尊，而是要求你先有所成就才能夠享受生活。

人生是不公平的，這個事實從一生下來就無法改變。但每個人都有自己的夢想，都可以經由努力實現夢想。

超級搖滾巨星麥可．傑克森生前曾說：「我已經厭倦了被人操縱的感覺，這種壓迫是真實存在的！他們是謊言的追隨者，歷史也是謊言滿佈。你必須知道，所有的流行音樂，從爵士到搖滾到嘻哈，然後到舞曲，都是黑人創造的！但這都被逼到史書的角落裡去！你從來沒見過一個黑人出現在它的封面上，你只會看到貓王，看到滾石樂團，但誰才是真正的先驅呢？自從我打破唱片紀錄開始——我打破了貓王的紀錄，我打破了披頭四的紀錄——然後呢？他們叫我怪胎，同性戀者！他們說我漂白了自己的皮膚，極盡所能的來詆毀我，這些都是陰謀！當我站在鏡前看著自己時，我知道，我是個黑人！」

但正是這個黑人，用音樂影響了世界，用舞蹈感化了世界，他的歌迷、舞迷遍佈全球，超越了種族的壁壘。

生活就是這樣，充滿了酸甜苦辣，一般人剛從學校走出來時，不可能一個月賺六萬元，更不會成為哪家公司的副總裁，還擁有一部汽車，直到你親手將這些都賺進來。在這之前，你必須適應生活！

寵辱不驚，看庭前花開花落；去留無意，望天空雲卷雲舒。我們要像這樣對待人生，做到坦然、平靜地看待人生。

人生困擾一笑置之

▼生活中不如意的事情，如顏色不一的氣泡罩在我們每個人頭上，不管好看或難看，總有爆破的瞬間。

人生就像一條河，微笑地面對它，將湍急的咆哮轉化成舒緩平和，逐步沉澱生命所能承受的輕和重，進而清澈地流瀉。

我們不是也常常形容某些人：「長這麼大了，怎麼就一點也不成熟？動不動就發脾氣。」事實上，凡事發脾氣，就是憤怒的表現，是將失去平衡的情緒發散給旁人。

生活中不如意的事情，如顏色不一的氣泡罩在我們每個人頭上，不管好看或難看，總有爆破的瞬間。因此，與其總是盯著那些不如意的事情，不如舒展自己的眉梢，用笑臉去面對。人生這條緩緩流動的河流之所以能夠充實流暢，靠的是你能夠一笑置之的淡然心態，同時，更是能夠帶給你進取和快樂的動力源泉。

寵辱不驚，一笑置之是一種人生智慧。詩人徐志摩曾如此說道：「我將於茫茫人海中，尋訪我唯一靈魂之伴侶，得之，我幸；不得，我命。」雖然這句話是他的愛情宣言，但是我們依然可以從中深刻地感受到一位浪漫主義詩人的坦然胸懷。

同樣宋朝詩人陸游也在其詩《書夢》中寫道：「一笑俱置之，浮生故多難。」看這些偉大詩人的情懷，無一不表露出充滿智慧的人生觀。

一笑置之，是看淡風雲、大徹大悟的心境。有些人把身外之物看得過於重要，因此讓自己的人生壓抑不堪。

人生不過數十載，大可不必把別人的言論，或是一些可輕可重的身外之物太當回事。如果因為他人的以訛傳訛而暴躁不安，因為一場生意的失敗而自暴自棄，因為旁觀者的幾句嘲笑而放棄自己的夢想，那麼人生便不是你的人生，你不是為了自己而活，是為他人而存在。對過去的事情要拿得起，放得下；對那些無聊的言論要左耳進，右耳出；坦然面對塵世間的風風雨雨，才能活出真正的自我。

話說唐朝時候存在著官員考核制度，唐太宗期間，盧承慶因為處事公正而被唐太宗特命為「考功員外郎」，管理官吏考績。

有一次，在盧承慶考評官員的過程中，有一位管漕運的官員，因糧船沉沒在河裡而失責。盧承慶便給這位官員寫下了「失所載，考中下」的評語。出乎他所料的是，那位官員聽後，沒有提出意見，也沒有任何疑懼的表情，並且一點也不生氣，很坦然地接受了。

盧承慶後來仔細想一想，糧船翻沉，不是他個人的責任，也不是他個人能力可以挽救的，於是改為「中中」等級，只見那位官員依然沒有發表意見，既不說一句虛偽的感激話，也沒有什麼激動的神色，只是一笑置之。看多了奉承嘴臉的盧承慶很讚賞他這種面對事情的態度，脫口稱道：「寵辱不驚，難得難得！」

最後把評語改成：「寵辱不驚，考中上。」

義大利詩人但丁曾有一句名言：走自己的路，讓別人去說吧。字裡行間也坦露出他面對人生的輕鬆態度。面對人生風雨起伏，一笑置之，看似消極，實則是一種積極的人生智慧。人的一生總免不了跌宕起伏，有高峰也有低谷。

有智慧的人能明白這一點，當事情發生在自己身上時也能坦然以待。榮耀和屈辱都不過是過眼雲煙，經不起時間的考驗。

北宋時期，范仲淹堅持「慶歷新政」，當他被謫居鄧州時，突然從高處跌入了人生的谷底，可是他依然可以「心曠神怡，寵辱皆忘，把酒臨風，其喜洋洋。」十九世紀中葉，美國實業家菲爾德，首次使用海底電纜把「歐美兩個大陸聯結起來」，因此被譽為「兩個世界的統一者」，鮮花、讚美，絡繹不絕。後來因為理論和實際情況不相吻合，在使用的過程中，由於技術問題，剛接通不久的電纜便中斷了訊號傳播。

一瞬間，那些俗人的嘴臉全部變了樣，稱讚全部變成了臭雞蛋，紛至沓來，指責菲爾德欺騙了他們，要求他賠償各種損失。面對這巨大的榮辱變化，菲爾德並沒有接受不了，他對那些屈辱一笑置之，顯現出成功人士卓越的風度，他繼續潛心改進海底電纜事業，最終這座歐美之間的通訊大橋還是讓菲爾德成功地架起了。

佛家將人稱呼為眾生，而眾生來到這個世上原本就該要經歷磨難的。感受著磨難，心悸如夢魘般侵蝕著我們的靈魂，每個人的內心世界都烙有難以泯滅的傷痕，信仰的崩潰、情感的焦慮無情拷打著我們的靈魂，內心常常浮現千種絕望和寂冷。

學會寬容苦難，善待自己和他人。超越心靈磨難的鴻溝，錘煉坦然一笑置之的人生處世態度。

失敗的你因此學會聆聽成功的腳步；明白遭遇挫折是黎明前的黑暗。樂觀自信，寵辱不驚，成功和失敗的辯證關係，將漸漸融會貫通。

生命中的仇怨、淒婉、失意、無助，任誰都會經歷，能夠保持正面心態的人，他們能夠坦然處之，雖然內心滴血但仍然充滿希望，笑對人生呈現出來的淒美壯麗，這是一種無欲則剛的境界。用一笑置之收攬一切的軟弱、寫意灑脫和陰暗的人生姿態。

社會是個大家庭，商場的沉浮、情感的糾葛，無時無刻困擾著人類精神。「相逢一笑泯恩仇，桃花依舊笑春風。」

對於所有的誤解和仇怨，一笑置之是對自己的坦然寬容，是對生命的虔誠和自信，是人性的寬厚和尊敬，也透溢著自身人格的光明和高風亮節。人心境的本質，正是一種達觀的人生處世哲學。

面對所有的讚揚和激勵，一笑置之是謙虛和清明；面對嘲諷和誤會，一笑置之是寬容和豁達；面對失敗和打擊，一笑置之是勇氣和信念。

人世百態，光怪陸離，保持心中的明鏡台，用一笑置之的灑脫成就人性的成熟質美，是超越人性本質的自然之態。

Chapter 05

快樂與否，
選擇權在你手上

人活著就注定會有很多煩惱，
快樂不是老天爺賞的，而是你的選擇。
希望有種令人快樂的魔力，
要懂得隨環境改變處世的方法，
再重的擔子，笑著哭著都一樣得挑。
要相信一定可以苦盡甘來，學會給自己希望，
苦難其實是最寶貴的財富。

改變環境，不如改變自己

▼對外在環境要求越高正好證明自身的能力越低。

曾經讀過一則寓言：一隻貓頭鷹搬家，路上遇到了斑鳩。

斑鳩問貓頭鷹：「你要搬到哪裡去？」

貓頭鷹回答：「我要搬到東方去。」

「西方是你的老家，為什麼要搬到東方去？」斑鳩不解地問。

貓頭鷹長嘆了一口氣，態度沮喪地回答：「因為我在西方實在住不下去了，這裡的人都討厭我在夜裡唱歌！」

聽完貓頭鷹訴苦，斑鳩勸道：「你唱歌的聲音的確不是很好聽，尤其在夜間更是打擾別人睡覺，難怪大家會討厭你。可是如果你能改變一下聲音，或停止在夜間歌唱，不就可以繼續住下去了嗎？不然的話，即使你搬到東方去，那裡的人也照樣不會喜歡你的。」

我們常常見到這樣的人：受到挫折時，他們並不先檢討自己，找出失敗的原因，而是一味地抱怨環境，遷怒於人。他們一心只想改變環境，卻從來不想改變自己。其實，及時找出自己的缺點和不足並加以改正，比費盡心機去改變環境以擺脫自己的困境更有效。

鄰居有一位張大嫂自己開了一家小吃店。本來她的手藝就不錯，小吃店的價位也很公道，可是生意就是好不起來。她先是怪店裡的用餐環境不好，於是花了幾十萬元資金，把小吃店重新裝潢一番，結果卻仍然未見好轉。她又把原因歸結為地點不好。但接連換了好幾個地方，都是如此。無奈之下，她只好再一次掛起「轉讓」的牌子。

一位熟悉的老顧客見張大嫂萌生退意，覺得可惜，直言道：「你太嚴肅了，臉上從來沒有笑容，所以沒有顧客緣。」

張大嫂聽了如大夢初醒，於是每天對著鏡子練習微笑，並試圖與顧客聊天，盡量做到讓自己的表情放鬆下來……經過一段時間的努力訓練，她的臉上終於會自然地浮起笑意，老主顧果然越來越多了，生意也漸漸好了起來。

改變別人事倍功半，改變自己事半功倍，一味地去改變環境，不如痛下決心改變自己，讓自己適應環境。當我們不再將眼睛緊盯著周圍的環境，而是回到自己的心靈世界，將塵埃掃淨，你會發現自己輕鬆了，環境也變得更寬和溫馨了。

南美洲有一種會走動的樹叫做卷柏，由於它需要充足的水分才能生存，所以當地雨水不足時，它就會把自己連根拔起，縮成一個圓球狀，身體很輕，只要有微風，它就會隨風在地面上滾動，一旦到了水分充足的地方，圓球就會迅速打開，根也重新扎到土裡，等到下次水分不足時再縮起來換地方。

這種方式不斷為卷柏的生存創造有利的環境。但也正因為擁有「行走」的能力，它經常一不小心就會枯死。有時被風吹起掛在樹上枯死了，或是被車子壓扁了，還有被動物吃掉了……難道卷柏不走真的就不能生存嗎？植物學家為此做了試驗：將卷柏圈養在水分不多的地方，然後進行觀察。他們發現，卷柏無法吸取足夠的水份，經過幾次行走也都沒有成功後，它便在原地將根深深地扎入了泥土，並且長得比任何時候都好。

人總習慣憑著自己的願望想去改變些什麼？總是認為別人的做事方式不合自己的意，所處的環境讓自己不舒服，但是如果要求所有的人都來適應你，這想法是不是有點自私呢？其實處在一個大環境中，只有適當地調節自己，讓自己更加適應這個環境，才是智者所為。而且大部分時間，別人都不會因為你而改變的。當你成為一個領導者，就會有足夠的力量去改變環境；可是如果你只是一個普通人，那只有改變自己了。

只有透過自己的努力讓大家認可，才能真正融入一個新的環境中。當你用一種正面的心態，去對待周圍的事物時，你會發現自己所處的環境其實還滿好的，當你完全適應了這個環境，就會在這個環境中過得更好。

有一位古印度國王從小生活在宮廷當中，當他第一次走出去巡邏的時候發現，道路上有太多刺腳的碎石。於是他想了一個辦法，命令全國大肆宰牛，用牛皮鋪在道路上，保護用來走路的腳！但是宰光了全國的牛也鋪不滿國土啊，國王思來想去，找不到更好的辦法。後來有位智者對國王說：不如把牛皮割一塊下來裹住腳，這樣走到哪裡都不怕了。國王照著做了，果然成效非常好，據說這就是皮鞋的由來。

這個故事包含了如何讓環境與我們自己共處的哲理。很多人總忙著抱怨身邊的人，下屬、客戶、老公或老婆，覺得都是這些環境因素使得自己失敗或者不開心。

曉琳說她是有清晰目標的人，也很願意做事情，但很多時候會遇到不確定的因素，比如市場價格的變化、客戶方面的問題等。其實她的意思是：如果要完成任務的話，一定要市場不變化，客戶不出問題才可以。這說明她對外部條件要求很高，非要有很多環境因素滿足她，她才可以成功。反過來說，她達到目標的能力就很低。

對外部環境要求越高正好證明自身的能力越低。這個世界不是為誰而設計的，不願調適自己，你覺得世界會自動來適應你嗎？

不會！永遠不會！當你每天早上穿鞋的時候，想想皮鞋的故事，想想是什麼樣的思考態度，才使我們今天可以更瀟灑、舒適地走遍世界呢？

快樂操之在我

▼你不能左右天氣，但你可以改變心情。

人生都會有坎坷，關鍵的是自己的態度，幸福與快樂都在自己的掌握之中。

你不能控制生命的長度，但你可以控制生命的寬度。

你不能左右天氣，但你可以改變心情。

你不能改變容貌，但你可以展現笑容。

你不能控制別人，但你可以掌控自己。

你不能預知明天，但你可以利用今天。

你不能要求結果，但你可以掌握過程。

你不能樣樣順利，但你可以事事努力。

亞里士多德說：「快樂操之在我。」不是因為財富、事物和單一事件，而是因為不管結果是好是壞，你知道你可以有夢、有創意地去處理人生的遭遇。快樂的起源就在於你選擇過日子的方式。

快樂是由自己控制的，你可以在生活過程中尋求到屬於自己的快樂。

真正的快樂，是在有限的生命中做出無限有意義的事情；

是讓自己的心情五彩斑斕，如彩虹般美麗燦爛；

讓自己笑容充滿溫暖，讓自己的今天比昨天更精彩；

讓自己追求理想的過程更有意義；

讓自己在通往夢想的路上體會付出與收穫的快樂。

這一切，都是你可以帶給自己的。

應邀訪美的女作家在紐約街頭遇到一位賣花的老太太。這位老太太穿著相當破舊，身體看上去又很虛弱，但是她臉上滿是喜悅。女作家挑了一朵花說：「你看起來很高興。」

「為什麼不呢？一切都這麼美好。」

「你很能承擔煩惱。」女作家又說，然而老太太的回答令女作家大吃一驚。

「耶穌在星期五被釘在十字架上的時候，大家都覺得那是全世界最糟糕的一天，過了三天後便復活了。所以，當我遇到不幸時，就會等待三天，三天後一切就恢復正常了。」

「等待三天」，這是一顆多麼普通而又不平凡的心。

確實，人生並非儘是花朵處處，四季如春，總是伴隨著幾多不幸，幾多煩惱。其實，每個人的心，都好比一顆水晶球，晶瑩閃爍。然而一旦遭遇不測，背叛生命的人，會在黑暗中漸漸銷殞；而忠於生命的人，總是將五顏六色的陽光，折射到自己生命的每一個角落。只要我們有善於發現快樂的心，即使身處困境，依然保持積極的心態，那麼你就可以過得很快樂。

一群學生在到處尋找快樂，不但沒有答案，卻反而遇到許多煩惱、憂愁和痛苦。

他們向大哲學家蘇格拉底請教：「老師，快樂到底在哪裡？」

蘇格拉底說：「你們還是先幫我造一艘船吧！」

於是這群學生暫時把尋找快樂的事放在一邊，找來造船的工具，他們花了一個多月，鋸倒了一棵又高又大的樹，挖空樹心，造出一艘獨木船。

獨木船下水了，他們把蘇格拉底請上船，一邊合力划槳，一邊齊聲唱起歌來。

蘇格拉底問：「孩子們，你們快樂嗎？」

他們齊聲回答：「快樂極了！」

蘇格拉底說：「快樂就是這樣，它往往在你正為著一個明確的目的，忙得無暇顧及其他事情的時候突然來訪。」

快樂就是在你實現自己目標的過程中所收穫的禮物。當你把自己所想的事情，慢慢變成現實的時候，那是怎樣的一種滿足感呢？最大的快樂莫過於把理想變為現實，實現自己的人生意義。快樂，是一種感受，它取決於自己的態度，就算你已然擁有億萬財富，缺少了善於快樂的心態，依然會感到憂愁。反之，如果你並不富有，但具有善於發現快樂的心，那麼依然會變得很快樂。快樂，是需要付出才能體會到的，有的人總是希望有一天自己什麼都不用做，就能吃好的穿好的，認為那才叫真正的快樂。但是實際上這樣的生活不但無趣，也是最可怕的。人最怕的就是空虛的心靈，真正的快樂應該建立在充實有意義的人生中。

有一位年輕的婆羅門，來到佛陀的住處請教：「世尊，一般在家居士應該怎樣做，才能一生中都能夠平安和快樂呢？」

佛陀對他說：「有四種辦法。就是方便具足、守護具足、善知識具足、正命具足。什麼叫方便具足呢？就是要有各種謀生的技術，比如種田、經商、寫作、繪畫、計算的技術，沒有技術就要努力學習、掌握；什麼叫守護具足？就是對自己苦心經營所得的金銀財務，能擅自處理，不讓天災人禍、刀兵水火奪去；善知識具足是指不放逸、不虛妄、不凶險、對於未生之憂苦，能令不生，已生憂苦，能令開覺。對於未生之喜樂，能令帶生，已生喜樂、護持不失；至於正命具足呢？就是金錢收支要經常保持平衡，多出少入不好，少出多入也不好。自己沒有錢財使用卻廣為散用，這是愚癡貪慾，不顧其後。財物豐厚，卻不知使用，也是愚癡。在家修行之人，如能時時刻刻做到上面說的四件事情，就能獲得此生的安樂。」

這個故事帶給我們深深的思考：快樂並不是一味地享受，而是要付出之後再享受才能體會到真正的快樂。快樂是自己創造的，是由自己決定的，不是由別人給你的。所以，我們應該保護一個善於發現快樂的心，用努力去實現自己的夢想，在實現夢想的路上體會痛苦，體會歡樂，體會人生百味，最終你會得到屬於自己的快樂。

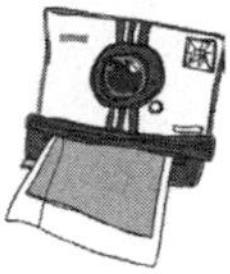

每天給自己一個希望

▼在逆境中，「希望」有時候比食物和水更容易讓你生存下來。

希望是克服困難的不竭動力，希望是繼續生活的充分理由。早上起來，每一天都是新的！每天都給自己一個希望，讓自己在希望中充滿熱情地度過每一天。

人生好比是海面上的波浪，有時起，有時落。生命的價值不在於我們的所作所為，也不在於我們結交的是什麼人物，而取決於我們本身。

只要你給自己希望，你就能做得更加美好。要勇於期待自己的改變，這樣，你就會看見希望在向你招手。每天給自己一個希望，就會有勇氣和力量去面對生活中的不幸。

在逆境中，希望有時候比食物和水更容易讓你生存下來，要知道心靈的力量是最強大的。在逆境中，當生命受到了威脅，當人生走到了深淵的時候，千萬不要忘了自己還可以擁有更寶貴的財寶——希望。

集中營裡一位飢腸轆轆的畫家，在偶然的機會裡幸運地得到了半塊麵包，但他並沒有立刻把麵包吞進肚子。他捧著讓人垂涎的美食，去換取了自己生命中更需要的東西——一張紙和一支碳筆。他必須作畫！因為如果沒有畫中的太陽照耀，他的靈魂就會先於他的肉體餓死。

還有一個故事。在一個陰暗潮濕的牢房裡，蜷縮著幾個骨瘦如柴，隨時都可能被死神擄去的戰犯。他們中間有一個是讓人眼紅的，因為他在背包裡藏了一根長長的白蠟燭。幾乎所有的獄友都見到過他飢餓難耐的時候像吃香腸一樣啃著那根蠟燭。

一天晚上，陰風怒號，星月都隱匿了。黑暗中突然出現鬼魅一般呻吟的嘆息，一個顫巍巍的聲音說：「今天是聖誕節吧？」大家莫名地興奮起來，這些早已被時間遺忘的俘虜在度日如年的牢房中，因為發現這一天的來臨，多了一絲慶祝的氣息。可惜在這個本應是火樹銀花、酒饌飄香的節日之夜，他們卻只能用記憶飼養渴望……興奮過後，一個絕望的念頭更是固執地盤踞在每個人的心頭：恐怕，這是今生最後一個聖誕節了吧？

一陣窸窸的低響，是打開背包的聲音。大家厭恨地猜想，一定是那個有「香腸」的傢伙要獨享聖誕大餐了。然而，他們猜錯了。那人一聲不響地點亮了蠟燭，氣息奄奄的獄友們被這突如其來的燭光吸引住了，剛才還是死寂的牢房，現在歌聲驟起！大家在這久違的奢華燭光中，真切地感受到了美麗的自由曙光。

在集中營裡，生死交關、飢腸轆轆的畫家需要的是太陽，哪怕那僅僅是畫出來的而已；聖誕節的夜裡，一縷燭光就可以讓死難臨頭的囚犯唱起歌來，看見自由的曙光。

即使我們處在遠離硝煙和飢餓的今天，心裡有時也會陷入種種無形的泥淖。在這個時候，我們只需要借助一支可以充飢的畫筆和半截能夠取暖的蠟燭，就能饋贈給自己一份繽紛與詩意的禮物；讓我們用精神的芬芳染香生命中的每一個時刻，讓無私的照耀引領平凡的心靈抵達陽光殿堂。

有位醫生素以醫術高明享譽杏壇，事業蒸蒸日上。但不幸的是，就在某一天他竟被診斷罹患癌症。這對他不啻是當頭一擊。他一度情緒低落，但最終他不但接受了這個事實，而且心態也為之一變，變得更寬容、更謙和、更懂得珍惜所擁有的一切。在勤奮工作之餘，他從沒有放棄與病魔搏鬥。就這樣，他已平安度過了好幾個年頭。有人驚訝於他的故事，就問他是什麼神奇的力量在支撐著他。

這位醫生笑吟吟地答道：是希望，幾乎每天早晨，我都給自己一個希望，希望我能多救治一個病人，希望我的笑容能溫暖每個人。這位醫生不但醫術高明，心靈境界也很高。

在這個世界上，有許多事情是我們所難以預料的。我們不能控制際遇，卻可以掌控自己；我們無法預知未來，卻可以把握現在；我們不知道自己的生命到底有多長，但我們卻可以安排當下的生活；我們左右不了變化無常的天氣，卻可以調整自己的心情。只要活著，就有希望，只要每天給自己一個希望，我們的人生就一定不會失色。

每天給自己一個希望，就是給自己一個目標，給自己一點信心。希望是什麼？是引爆生命潛能的導火線，是激發生命激情的催化劑。每天給自己一個希望，我們將活得生機勃勃，激昂澎湃，哪裡還有時間去嘆息悲哀，將生命浪費在一些無聊的小事上。

生命是有限的，但希望是無限的，只要我們不忘每天給自己一個希望，就一定能夠擁有一個豐富多彩的人生。

黃連為哨，苦中尋樂

▼生活難免會有傷痛和挫折，樂觀是為生命保鮮的良藥。

人生常常浸泡在痛與苦中。一次次心痛，一道道傷痕，一遍遍淚水，洗不去人生的塵埃，抹殺不了命運的艱辛。何必跟自己過不去呢？放平自己的心，擱淺自己的夢，把希望打折，把生命烘乾，學會在艱難的日子裡苦中尋樂！

生活是一面鏡子，你對它笑，它就對你笑；你對它哭，它就對你哭。

誰都希望自己的相貌受到別人的讚美，即使得不到讚美，誰也不願意自己的容貌成為別人取笑的對象，但是就有一個人從來不在乎別人說自己的容貌醜陋，甚至自己還經常拿這個事情來開玩笑。

美國第十六任總統林肯貌不驚人，他常常用開自己容貌玩笑的方式來與周圍的人溝通。有一次，他講了一則故事：「有時候我覺得自己好像一個醜陋的人。有一回我在森林裡漫步時遇見一個老婦人。

老婦人說：『你是我所見過的最醜的一個人。』

『我是身不由己啊！』我回答道。

『不，我不以為然！』老婦人說，『長得醜不是你的錯，可是你從家裡跑出來嚇人就是你的不對了！』」

他總是保持這種非常樂觀的心態，他不會介意拿自己的弱點來開玩笑，這就是一種坦然，如果我們在生活中能夠用這樣的心態去面對自己的弱點和不幸的話，生活會比現在美好很多，你的快樂也會比現在多很多。我們的生活不可能會一帆風順，難免會有傷痛和挫折。面對傷痛和挫折，我們應該保持黃連為哨，苦中尋樂的生活態度，它能夠讓你保持自信和希望，讓你從痛苦、貧窮和難堪中走出來，樂觀是為生命保鮮的良藥。下面這則就故事能夠讓人們明白一個深刻的道理：

英國勞埃德保險公司曾從拍賣市場買下一艘船，這艘船自從一八九四年下水後，在大西洋上曾一百三十八次遭遇冰山，一百六十六次觸礁，十三次起火，兩百零七次被風暴扭斷桅桿，然而它卻從沒有沉沒過。

勞埃德保險公司基於它不可思議的經歷，以及在保費方面為他們帶來的可觀收益，最後決定把它從荷蘭買回來捐給國家。現在這艘船就停泊在英國薩倫港的國家船舶博物館裡。

不過，使這艘船名揚天下的卻是一名來此地觀光的律師。當時，他剛打輸了一場官司，委託人也於不久前自殺了。儘管這不是他第一次失敗的辯護，也不是他遇到的第一例自殺事件，然而，每當遇到這樣的事情，他總有一種欠疚感，他不知該怎樣安慰這些在生意場上遭受不幸的人。

當他在薩倫船舶博物館看到這艘船時，忽然有一種想法，為什麼不讓他們來參觀參觀這艘船呢？於是，他就把這艘船的歷史抄寫下來，和這艘船的照片一起掛在他的律師事務所裡，每當商界的委託人請他辯護，無論輸贏，他都建議他們去看看這艘船。

他是想告訴大家在海上航行的船都是帶著傷的，人們也慢慢懂得了這個道理，這艘船因此名揚天下。

世界上所有的幸福總是會有瑕疵，只要你有一顆願意快樂的心，就一定能夠看到幸福的存在。你必須掌控好自己的心舵，下達命令，來支配自己的命運，尋找自己的快樂。

只有具備了淡然如雲、微笑如花的人生態度，任何困難和不幸才能被粹煉成通向平安的階梯。

懂得欣賞路邊的美景

▼世間萬物，只有順應了天時地利，才能存留下來。

人生就像是一次旅行。人們總是忙於奔赴目的地，卻往往忽略了路邊的風景。

茫茫人海，滾滾紅塵，回眸四望，你會發現一道絕美的風景，那是一隅人人渴望、四季相宜、風味獨特的景觀。學會欣賞，你便懂得享受；學會欣賞，你便擁有快樂；學會欣賞，你便走近幸福；學會欣賞，你便成為一個幸運的人！

欣賞是一種享受，是一種真實存在的享受。無論何時何地，你學會了欣賞，便能收穫快樂，收穫溫馨。懂得欣賞，你的心情便永遠陽光燦爛。

欣賞是一種情懷，是一種博大高雅的情懷。沒有愛心的人，不懂得欣賞；缺少情趣的人，不知道欣賞。欣賞需要知本。

欣賞是一種幸福，是一種少數人才能享受的幸福。大千世界，芸芸眾生，自以為是者多，懂得欣賞別人的少；自私自利者多，善心利人者少。欣賞滋生幸福，幸福需要懂得欣賞。

欣賞是一種學習，是一種真心實意的學習。生活裡，每個人都有每個人的長處，每個人都有每個人的弱點。學會欣賞，就要時刻看到別人的優點，讓別人的優點成為自己的。久而久之，你便自然成為一個優秀的人；優秀的人，自然也懂得欣賞。

欣賞是一種態度，是一種發自內心羨慕的態度。當你讀到一首清新雋永的小詩，或看到一幅別有格調、神韻悠然的國畫，你不能不激動，不能不羨慕，除非你是傻瓜。此時，羨慕無須理由。

欣賞是一種風格，是一種獨特自在的感悟風格。紛繁世界，無奇不有，有山有水，有花有草，有風有雨，時時刻刻，變幻無窮。懂得欣賞，便懂得感悟；感悟愈深，生活過得愈滋潤、愈輕鬆；輕鬆滋潤的生活便是至高無上的，既然知道無上生活的祕訣，為何不學會欣賞？利人利己的欣賞，應當義不容辭、義無反顧！

人生路該怎樣走？有的人說：「走荊棘蔽空的小徑，那是通往終點的捷徑。」他雖然節省了時間，可是卻錯過了人生路上的朝霞與彩虹。

有的人說：「要急速奔跑，即使有風雨的阻力，也不能停步。」他雖然付出了努力，可是卻錯過了人生路上的綠草與鮮花。

有的人說：「我認清目標在前方，還要細細欣賞路邊的風景。」對未來充滿希望，更加注重生活點滴的美好，這樣旅程才充滿新奇與綺麗。

我們生活在一個忙碌的繁華世界，瑣碎的生活讓我們無暇去欣賞路邊的風景，即使駕車行駛在路上，大多數的時間也都花在埋怨交通堵塞和怎樣才能避開人流高峰這些瑣碎的事情上，從來沒有時間向窗外看看路邊的風景。快節奏的生活讓我們身心疲憊，但是卻沒有想過讓自己的心靈放個假，在路邊休憩一下。

要知道長期忙碌嘈雜的生活，容易讓人變得心情煩躁，這樣怎能有快樂可言？如果我們在工作之餘，拿出一些閒暇時間去路邊走走，看看周圍的風景，在小事中尋找到一點樂趣，不僅能夠讓自己的心情變得更舒暢，還能為自己帶來更多的靈感。有時候，生活中的小插曲，一樣可以成為你生命中的一道風景。

有次，一個作家在過馬路時看到一位小男孩東張西望不專心走路。小男孩一步跨前，手拉著他的胳膊，大概把他當做了自己的爸爸，走了好幾步路抬頭一看才發現自己拉錯了人。男孩紅著臉飛快地跑走了。這樣的小樂趣為他的寫作生涯帶來了很多的靈感，試問如果他對小男孩的「錯誤」不以為然，甚至很反感，他怎麼會成為一個有修養且善於捕捉生活細節的好作家呢？美麗的情境猶如一段小提琴獨奏，只有你善於欣賞它，才能從中受益。

有的人很擅長在休息中收集對自己有用的訊息，他們會休息更會工作。羅伯特先生是一家地理雜誌社的專欄作家，他覺得自己的工作很需要走出戶外進行觀察，不應該在屋裡乾坐著，這樣對自己毫無幫助。所以他經常花時間出去旅遊，到各地去感受風土人情，他跟各地的人們交談，獲取有用的資訊；他用心觀察各地的新奇事物，然後用照片和文字把他們記錄下來。在出版工作不景氣的時候，他的專欄仍然是最受歡迎的，他最後成了這家雜誌社的主編，用自己的方式把雜誌救活了。

世間萬物，只有順應了天時地利，才能存留下來。大自然與世具來的造物本領，令世間萬物敬畏。造物主為我們創造出了一個神奇美麗的大千世界，我們有什麼理由不好好地欣賞造物主賜予的每一件傑作呢？

有時候在欣賞風景的同時抓住自己的工作靈感，不失為一種很好的方法。只要你能在工作中保持一份快樂的心情，就能締造更高的效率。在疲倦的時候看看路邊的風景，不僅能放鬆眼睛，更能放鬆心靈，何樂而不為呢？

用心地體驗每一處每一時段的景色，讓心靈融入所見的景觀中，體會大自然的偉大，感激造物主的恩惠。

苦難是一種財富

▼只有苦難挫折的加入，人生這張白紙才得以添上美麗的色彩。

幸福是什麼？有人說：幸福站在苦難上！只有戰勝苦難，走出苦難，創造新的生活，才能獲得幸福。人人都喜歡享受恬靜的生活，可是，恬靜的生活讓你失去了咀嚼苦難的機會，而沒有苦味的人生注定是平庸的。

邱吉爾在自傳中這樣寫道：「苦難是財富，還是屈辱？當你戰勝了苦難時，它就是你的財富；但是當苦難戰勝了你時，它就是你的屈辱。」苦難可以毀滅一個人，也能造就一個人。面對苦難時，積極應對和消極妥協的結果肯定是不同的。生活的強者，會把苦難當作催促自己奮進的風帆；生活的弱者，會在苦難中自怨自艾、自甘墮落。在苦難中，苦也好，難也罷，痛哭或者控訴，雖然可以招致憐憫，可是對改變命運毫無用處。有些人在遭受苦難時，把精力和光陰都耗費在哀嘆、彷徨、詛咒上，不想辦法去抗爭，這樣怎能戰勝苦難，看到光明呢？

法國作家巴爾扎克曾說：「苦難對於天才是一塊墊腳石，對能幹的人是一筆財富，對弱者是一個萬丈深淵。」幸福的人生，需要一顆堅韌的心，一個成熟的心態；美好的生活，往往來自一個人在逆境中不斷的掙扎與磨練。所以，應堅強面對苦難，並努力奮鬥最終戰勝苦難，讓它真正成為人生中值得擁有的財富！

不經過挫折，怎知道路之坎坷；不經過磨練，怎知意志之堅強；只有在人生道路中與苦難交鋒，才知苦難也是一種財富。

苦難可以折磨人，使人痛不欲生；苦難也可造就人，使人成為偉大的成功者。

有一天，素有森林之王稱號的獅子，來到了天神面前：「我很感謝你賜給我如此雄壯威武的體格、如此強大無比的力氣，讓我有足夠的能力統治這整片森林。」

天神聽了，微笑地問：「但這不並是你今天來找我的目的吧！看起來你似乎為了某事而困擾著呢！」

獅子輕輕吼了一聲，說：「天神，您真是瞭解我啊！我今天來的確是有事相求。因為儘管我的能力再好，但是每天雞鳴的時候，我總是會被嚇醒。神啊！祈求您，再賜給我一個力量，讓我不再被雞鳴聲給嚇醒吧！」

天神笑道：「你去找大象吧，它會給你一個滿意的答覆。」

獅子興沖沖地跑到湖邊找大象，還沒見到大象，就聽到大象跺腳所發出的「砰砰」響聲。

獅子加速地跑向大象，卻看到大象正氣呼呼地直跺腳。

獅子問大象：「你幹嘛發這麼大的脾氣？」

大象拚命搖晃著大耳朵，吼著：「有隻討厭的小蚊子，一直想鑽進我的耳朵裡，我都快癢死了。」

獅子離開了大象，心裡暗自想著：「原來體型這麼巨大的大象，也會怕那麼瘦小的蚊子，那我還有什麼好抱怨呢？畢竟雞鳴也不過一天一次，而蚊子卻是無時無刻地騷擾著大象。這樣想來，我可比他幸運多了。」

獅子一邊走，一邊回頭看著仍在跺腳的大象，心想：「天神要我來看看大象的情況，應該就是想告訴我，誰都會遇上麻煩事，祂並無法幫助所有人。既然如此，那我只好靠自己了！反正以後只要雞鳴了，我就當做是在提醒我起床好了，如此一想，雞鳴聲對我還算是有益處呢！」

仔細想一想，沒有人可以一帆風順過完一生。要是那樣人生就顯得太單調了，只有苦難挫折的加入，才能為人生這張白紙添上美麗的色彩，正因有了苦難的存在和挫折的警醒，生活才顯得斑斕、有真實感。這麼說來，苦難對每個人而言，應該是一種難得的財富。

十九世紀中葉，發現金礦的消息從美國加州傳來。許多人認為這個發財機會千載難逢，於是紛紛奔赴加州。當時才十七歲的猶太人亞默爾也成為這支龐大淘金隊伍中的一員，他和大家一樣，歷盡千辛萬苦，趕到加州。

淘金夢的確很美，做這種夢的人也比比皆是，而且還有越來越多的人紛至沓來，一時間加州湧入滿滿的淘金人，而金子自然變得越來越難找了。

不但金子難淘，而且生活也越來越艱苦。當地氣候乾燥，水源奇缺，許多不幸的淘金者不但沒有圓夢致富，反而喪身此處。小亞默爾經過一段時間的努力，和大多數人一樣，不但沒有發現黃金，反而被飢渴折磨得半死。

一天，他望著水袋中僅存一點點捨不得喝的水，聽著周圍人對缺水的抱怨，亞默爾忽發奇想：淘金的希望太渺茫了，還不如賣水呢！於是亞默爾毅然放棄對金礦的努力，將手中挖金礦的工具變成挖水渠的工具，從遠方將河水引入水池，用細沙過濾，成為清涼可口的飲用水。

然後將水裝進桶裡，挑到山谷一壺一壺地賣給找金礦的人。當時有人嘲笑亞默爾，說他胸無大志：「千辛萬苦地到加州來，不挖金子發大財，卻做起這種蠅頭小利的買賣。賣水的生意到處都可以做，何必跑到這裡來賣？」

亞默爾毫不在意，繼續賣著他的水。把幾乎無成本的水賣出去。除了當時的加州，哪裡有這樣好的買賣？除了賣給需要飲水的淘金客，哪裡有這樣好的市場？結果，真正來此淘金的人們大部分都空手而歸，而亞默爾卻在很短的時間靠賣水賺到幾千美元，這在當時已經算是一筆非常可觀的財富了。

苦難是最好的老師，它讓一個人從弱小變得強大，從脆弱變得堅強，一個從苦難中走出來的人更能夠體會生活的不易，更懂得珍惜生活的美好。

為了使我們的生活不顯得空虛，為了要生活多一些光彩，經歷一些苦難是必須的。正如作家劉墉所說：「讓我們一起尋找一個苦難的天堂。」因為苦難對每個人來說，都是一種財富。

苦難是人生之樹上的一顆奇異果實，不懂得它的人，一嘗便感其苦；懂得它的人則知道，只有細細地咀嚼，才能嘗到那苦後的甘甜。

Chapter 06

改變自己，每天進步一點點

很多時候，我們沒有辦法選擇自己生存的環境。
但用心去「改變自己」，卻是可以馬上做到的。
奉行成功學的人一定聽過：
「成功者做一般人不願意做的事！
成功者做一般人不敢做的事！成功者做一般人做不到的事！」
所以，拒絕舊習慣，改善自己的態度，
挑戰自己的弱點，每天進步一點點，最終成功就是你的。

認清自己是進步的前提

▼人生可以是甜的，也可以是苦的，但不能是無味的。在逆境之中，你可以勝利，也可以失敗，但你必須認清自己，決不能屈服。

我們可能會認清自己所從事工作的性質，認清老闆的做事風格，分析家庭的問題，但卻不容易認清自我。如何認清自我，是當今人們需要重新學習的地方。

阿峰今年二十四歲，大學畢業，已經工作兩年了，一心想做業務人員，卻由於種種原因不能如願，也因此頻繁轉換工作內容。阿峰自認為是一個不夠成功的大學生。才剛畢業兩年，就換了三個公司。你可別認為他是越換越好，恰恰相反，他是越換越不如意！他因為很喜歡和人打交道，所以一心想做業務，而且如果做得好，收入會不錯。於是，他從去年開始就到現在的公司做業務行銷。一開使阿峰覺得自己有一定的業務能力，做得很開心。但是沒有想到，主管認為他太老實，應付不了客戶各種無理的要求。所以勸他改做採購，後來又轉到了行政部，現在到了品管部。

阿峰說：「對於這種變動，我嘴裡沒有說什麼，心裡還是挺不舒服的。有人曾說我不適合做業務，也有人說我適合，本來對自己還蠻有信心的，久而久之，現在也產生了疑問。我需要好好地自我檢視一下，要做別人認為適合的，還是做自己認為適合的。現在我已經搞不清楚了，不知道接下來要做什麼。」

阿峰的問題普遍存在於很多人心中：「我想做的不讓我做，讓我做的我又不喜歡，我究竟適合做什麼？」面對這種問題，最重要的是確定你的目標是不是切合實際，首先要做的就是認識自己。阿峰的個性和興趣有很多互相衝突的地方，他喜歡當業務，可是又畏懼壓力；他樂於和人打交道，可是對交往的人群類型很挑剔；他喜歡能夠帶來實際利益的事情，可是行動力不足，經常游移不定。做業務是他的夢想，如果失去了夢想，他會認為工作毫無意義，容易出現動力與毅力不足的狀況。分析他在各方面的優劣勢之後，他可以繼續在自己喜歡的業務行銷領域繼續工作，只要調整職務內容就可以了。

一年之後，在某行銷顧問公司的阿峰升職了。他說：「看清楚自己後，才知道究竟什麼是適合自己的，什麼是值得的，現在工作起來真的順手多了！」

可見成功的關鍵就是認清自己到底適合什麼工作。人總是有劣根性，就像一位作家說過：「當自己幸福的時候，從來不會去想別人的不幸。」當人在順遂的時候，很少能看清自己。很多時候自己都不能看清楚自己，不知道自己最想要什麼，不知道自己最應該珍惜的是什麼。但是當處在逆境中時，人會沉靜下來，會思考自己所做過的事情，檢討自己錯過什麼。應該說，逆境是人的一生當中最好的一位老師，它能讓你徹底看清自己。

相信每個人都有這樣的感觸，自己要是健康無恙，肯定不會惦記著自己的健康，肯定意識不到運動對健康是多麼重要，但是有一天你病了，才會意識到健康對自己是多麼重要；只有那些盲了的人才會珍惜光明，成年後失明、失聰的人更是明白這個道理。然而，生來耳聰目明的人，卻從不好好地利用自己的本能。他們視而不見、聽而不聞，無任何鑑賞之心。事情往往就是這樣，一旦失去了的東西，人們才會留戀它，人一旦處於逆境之中，才能看清自己。

曾為宏達電創辦人、退休後從事公益事業的卓火土先生，本來生長在一個富裕之家，在他十四歲那一年，該當是快樂成長之時，爸爸在家門口被車撞了，他與家人將命危的父親送到醫院急診，他心急如焚，欲哭無淚，整個急診室沒有一個人理會他，父親就在他眼前走了，到另一個世界去了。

家中的樑柱倒下，從此苦難降臨。這樣的遺憾對一個少年而言十分慘痛，卻也鞭策他立志在後來的人生中，一定要成為有用的人。當他談起這份經歷時，他說：「這是他人生重大轉折點！」家裏的變故讓他明白，從那一天起家人的生存重擔全落在自己肩上了，他必須爭氣才能帶領家人從苦難中重獲新生。父親的離去，讓他認清了自己身上的責任，導引他更加認真地去走自己的人生之路。

逆境對於天才是一塊墊腳石，對於能幹的人是一筆財富。拉梅奈說：「不懂得苦難裨益的人，並未過著聰明而真實的生活。」如果將逆境轉化為動力，就可以成為你奮發圖強的力量。看過世態炎涼，經歷了人生逆境，而且願意奮發向上的人，大都能擁有雙贏人生。

逆境比困境更能激發人的鬥志，更能鍾鍊人的意志；在這樣的逆境中，也更能看清自己的位置。人生可以是甜的，也可以是苦的，但不能是無味的。在逆境之中，你可以勝利，也可以失敗，但你必須認清自己，決不能屈服。

決不放棄自己

▼人生並沒有真正的絕境，而是取決於自己的態度，當你真的把它當成無法跨越的門檻時，那麼你已經輸了一大半。

你必須知道，當一個人明白他想要什麼，並且堅持自己的理想，那麼整個世界都將為他開路。當生命處於絕境之中，人往往會自己提出放棄，從此一蹶不振，成為失敗者，痛苦不堪地度過一生。

有成就的人，在絕境中從來不會對自己說放棄，他們會用強大的生命力向命運挑戰，最終戰勝絕境成就輝煌的人生。

一七九一年，法拉第出生在倫敦市郊一個貧困鐵匠的家裡。他父親收入很少，經常生病，子女又多，所以法拉第小時候連飯都吃不飽，有時他一個星期只能吃到一個麵包，當然更不用說去上學了。

法拉第十二歲的時候，就上街去賣報。一邊賣報，一邊從報上學習認字。到十三歲的時候，法拉第進入一家印刷廠當圖書裝訂學徒，他一邊裝訂書籍，一邊仍然繼續學習。每當閒下來的時候，他就翻閱正在裝訂的書籍。有時甚至在送貨的路上，他也邊走邊看。經過幾年的努力，法拉第不再是文盲了。

漸漸的，法拉第能夠看懂的書越來越多。他開始閱讀《大英百科全書》，並常常讀到深夜。他特別喜歡電學和力學方面的書。法拉第雖然沒錢買書、買筆記本，但印刷廠有的是廢紙，他將那些廢紙裝訂成筆記本，摘錄各種資料，有時還自己配上插圖。

一個偶然的機會，英國皇家學會會員丹斯來到印刷廠校對他的著作，無意中發現法拉第的「手抄本」。當他知道這是一位裝訂學徒的筆記時，大吃一驚，於是丹斯送給法拉第皇家學院的聽講券。

法拉第以極為興奮的心情，來到皇家學院旁聽。當時作報告的正是赫赫有名的英國著名化學家戴維。法拉第瞪大眼睛，非常用心地聽戴維講課。回家後，他把聽講筆記整理成冊，作為自學用的化學課本。

後來，法拉第把自己精心裝訂的化學課本寄給戴維教授，並附了一封信，表示：「極願逃出商界而入科學界，因為據我的想像，科學能使人高尚而可親。」

收到信後，戴維深深為之感動。他非常欣賞法拉第的才幹，決定聘任他為助手。法拉第非常勤奮，很快掌握了實驗技術，成為戴維的得力助手。

半年以後，戴維要到歐洲大陸作一次科學研究旅行，訪問歐洲各國的著名科學家，參觀各國的化學實驗室。戴維決定帶法拉第出國。就這樣，法拉第跟著戴維在歐洲旅行了一年半，會見了安培等著名科學家，增加了不少見識，還學會了法語。

回國以後，法拉第開始獨立進行科學研究。不久，他發現了電磁感應現象。一八三四年，他發現了電解定律，憾動了科學界。

這一定律，被命名為「法拉第電解定律」。

法拉第依靠刻苦自學，從一個連小學都沒念過的裝訂圖書學徒，跨入了世界第一流科學家的行列。恩格斯曾稱讚法拉第是「到現在為止最偉大的電學家」。

法拉第的生活異常困難，可以說那是人生的絕境，在三餐都很難維持的情況下，有多少人能做到不放棄追求自己的夢想呢？法拉第就能夠這樣地堅強，他沒有放棄自己學知識的權利，沒有放棄讓自己卓越的機會，在沒有條件受正規教育的情況下，他用心把握一切能夠學習的機會，最後他成功了。他是在絕境中逐步展現自己，進而成就輝煌的典型例子。

有個小男孩生長在一個平凡的農家裡。家裡很窮，他很小就跟著父親下田耕種。在田間休息的時候，他望著遠處出神。父親問他在想什麼？他說，將來長大了，不要種田，也不要上班。他要每天待在家裡，等人送錢給他花。

父親聽了，笑著說：「荒唐，你別做夢了！我保證不會有人送錢給你的。」

後來他漸漸長大，到了上學的年紀了。有一天，他從課本上知道了埃及金字塔的故事，就對父親說：「長大了我要去埃及看金字塔。」

父親生氣地拍了一下他的頭說：「真荒唐！你別老做夢了，我保證你去不了。」

十幾年後，少年成了青年，考上了大學，畢業後做了記者，每年都出幾本書。他每天坐在家裡寫作，出版社、報社把稿費寄到家裏給他，他就用這些寄來的錢到埃及旅行。

他站在金字塔下，抬頭仰望，想起小時候爸爸說的話，心裡默默地對父親說：「爸爸，人生沒有可以保證的！」

他，就是台灣一位受歡迎的散文家林清玄。那些在他父親看來十分荒唐不可能實現的夢想，在十幾年後都變成了現實。為了實現這個夢想，他十幾年如一日，每天早晨四點就起床看書寫作，每天堅持寫三千字，一年就是一百多萬字。就這樣堅持不懈的奮鬥，他終於實現了自己的夢想。

如果輕易放棄，夢想就只能是夢想；只有堅持到底，夢想才不僅僅是夢想。只有無論如何都不放棄自己的人，才有可能讓美夢成真。許多人之所以不能實現自我價值，並不是因為夢想太高，而是太輕易就放棄自己。

絕境，讓那些不放棄的人變得更加堅強，激發他們更大的潛力，為了要度過險境，他們變得更加強大，險境能夠帶給他們的，可能是一生珍貴的財富。

人生並沒有真正的絕境，而是取決於自己的態度，當你真的把它當成無法跨越的門檻時，那麼你已經輸了一大半；如果你選擇勇敢面對，那麼最終勝利的一定會是你。

要學會自我欣賞

▼讓自己快樂起來最簡單的方法就是學會自我欣賞，適當的自我鼓勵，欣賞自己的人是更懂得學習的人。

生活中有很多種快樂，但有一種快樂能夠讓人終生難忘，那就是得到真誠的鼓勵和真正的欣賞。哪怕只是暗示，只要能夠獲得鼓勵和欣賞，就可以幫助一個人戰勝自我，獲得自信，更加勇敢地面對生活。

怎樣讓自己快樂起來呢？如果身邊有欣賞你的人，你一定會常常感到快樂。但是，現實的複雜往往為生活塗抹上神祕色彩，很多事情多多少少存在一些不可預知性。我們只能說那是一種「緣分」，你必需在人海中去尋找那份屬於自己的快樂。

佛說：求人不如求己。因此，讓自己快樂起來最簡單的方法就是學會自我欣賞，適當地自我鼓勵，從點點滴滴的自我成長中獲得快樂。

尤其是在困境中，更要學會欣賞自己，說明白一點，就是要使自己在面對困難時保持樂觀積極的心態，練習從困境中看到希望，而避免陷入絕望的境地。

李阿華出生在一個偏遠的山村。小時候，家裡很窮，沒機會上學，每天跟著父親在荒地上開墾、耕種，他去學校上課的時間總共加起來沒有超過一年。雖然家裡很窮，但是他並沒有因為自己的貧困而看輕自己，相反的，他把生活的不幸當成給自己的鍛鍊，在困境中，他學會了欣賞自己，欣賞自己讓李阿華有更大的動力勤奮學習。雖然沒有錢買紙筆，但他一有機會就向別人請教，他放牛、砍柴、挖地時懷裡也總放著一本書，休息的時候，一邊啃著粗硬冰涼的饅頭，一邊津津有味地看書。晚上，他在小油燈下也常讀書讀到深夜。

長大後，李阿華離開家鄉獨自一人外出謀生。他在工地做過捆工，在飯店當過門僮，有時候找不到臨時工，就餓著肚子，但是不管怎樣惡劣的生活環境，他都不會自卑，他始終對自己抱著不自棄的態度，認為總有一天會發揮自己的才能，走上成功之路，正是這種心態讓他無論在什麼時候都沒有放棄過學習。

在這個過程中，他不放棄自己的態度，給他帶來很大的自信和勇氣，經過不懈地努力，他終於有機會走上成功的道路。在他二十四歲那年，他以自學的方式，考到了律師資格，成了一名優秀的律師，他的生活因此產生了翻天覆地的變化，回想自己走過的路，他感慨地說：「要是我不懂得欣賞自己，在那樣的環境下，我早就放棄了，不能可能會有今天的我。」

世界上每個有成就的人，都是懂得自我欣賞的模範，尤其是在困境中。他們不會自怨自艾，不會唉聲歎氣，他們選擇從積極的角度去看待眼前遇到的困難。這就是偉大與平凡之間最重要的區別。

有時閒暇之餘，靜靜地欣賞自己，其實你會發現自己也很真實，也很天真可愛，在我們的人生道路上，儘管沒有芬芳的鮮花為我們添香氣，卻有充滿希望的綠野為我們舒展；儘管沒有雷鳴般的掌聲為我們喝彩，卻有恆久的信念在我們的心頭樹立；儘管在人生的航道上經歷了滄桑坎坷，前方道路上理想的風帆卻依舊高揚。多少次回味在烈日與風雨中苦苦追求的足跡，生命的旗幟儘管那樣平淡無奇，我們仍意志堅定——沿著自己的航線，航行過歲月的河流，走進一片美麗的綠洲。無須改變什麼，也無須挑剔什麼，自己就是自己——世界上獨一無二的自己。原本就很美，很獨特——只不過，我們仍需努力！

欣賞自己的人是自信的人，欣賞自己的人總把自己當成最大的敵人。欣賞自己的人是沒有偶像的，因為人們對於偶像的感情只是崇拜和羡慕，可是如果一個人太崇拜和羡慕一個人，也便失去了自我，很難掙脫。就像螢火蟲從來就不崇拜和羨慕太陽一樣，它欣賞自己也欣賞太陽，所以才能到了晚上點亮「燈籠」，放出不一樣的光來。欣賞自己的人總是帶著同樣的目光去欣賞別人——只是欣賞，而不是崇拜或者羨慕，所以很容易使別人的優點，變成自己的優點。因此欣賞自己的人同時也是更懂得學習的人。

同樣的道理，在我們的周圍，無論是孩子還是長者，無論是同儕還是前輩，一樣需要得到鼓勵和欣賞，所以，不妨把你的掌聲送給他們，用你的方式去欣賞他們，當然，結果就是和他們一起分享快樂。其實，讓自己和他人快樂起來的道理很簡單，只要學會相互欣賞就可以了。欣賞激發創造力，創造帶給人快樂，快樂增強自信心，自信心提高生活品質。這一切源於欣賞與被欣賞。

身處於困境中，我們必須學會自我欣賞、自我評量，學會在無人喝彩的時候能照樣前行，而且行得更好。更要學會欣賞他人，將你的快樂帶給他們。如果我們都能用欣賞的眼光去善待自己和身邊的每一個朋友，世界一定會更加美好。

堅信自己是種力量

▼人生有很多轉折的路口，站在路口總是需要我們作出選擇的，這個時候最重要的就是要堅決相信自己。

在通向成功的道路上，有著眾多的先行者，他們擁有超強的自信，在自信的照耀下拋開一切雜念，深入自己的事業，勇往直前，在通向成功的道路上不斷地提升自己的能力，最終都獲得了出人意料的成功。這個道理是十分簡單的，沒有人不明白。如果你不相信在秋天到來的時候會收穫果實。那麼，你就不會在春天去播種，也不會去澆水、施肥，那麼當然，秋天就不可能有果實讓你收穫。

當你看到別人獲得各式各樣的成就時，除了對他們大加羨慕之外，有沒有捫心自問：別人能夠成功，我為什麼不能呢？他們到底比我多做了什麼？是不是他們真的比我聰明？只要你問一問這些問題，然後再靜下心來好好地想一下，你就會明白別人為什麼會比你成功了。

人生有很多轉折的路口，站在路口總是需要我們作出選擇的，這個時候最重要的就是要堅決相信自己。

名滿世界影壇的義大利著名電影明星蘇菲亞・羅蘭能夠成為令世人矚目的超級巨星，和她的強烈自信心密不可分。在她的電影中，蘇菲亞・羅蘭以其獨特的魅力給觀眾留下深刻鮮明的印象。她的長鼻子、大眼睛、大嘴、豐滿的胸部和臀部都使她多了一份不可抗拒的美。可是，你知道嗎？在蘇菲亞・羅蘭第一次試鏡的時候，差點因為她的長鼻子和豐腴的臀部而沒能走上影壇。攝影師們嫌她的鼻子太長、臀部太發達，建議她動手術縮短鼻子、削減臀部，可是蘇菲亞・羅蘭堅決不同意。在她的自述中詳細地記敘了當時的情景：有一天，導演卡洛叫我到他的辦公室去。那時我們已經進行過第三次或第四次試鏡，我記不清了。他以試探性的口吻對我說：「我剛才和攝影師們開了個會，他們說的結果全一樣，噢，那是關於你的鼻子。」

「我的鼻子怎麼啦？」儘管我知道將發生什麼事，但我還是問道。

「嗯，咳，如果你要在電影界發展出一番事業，你也許該考慮做一些變動。」

「你的意思是要動我的鼻子？」

「對。還有，也許你得把臀部削減一點。我只是提出所有攝影師們的意見。這鼻子不會有多大問題，只要縮短一點，攝影師就能夠拍它了，你明白嗎？」

我當然懂得，因為我的外形跟已經成名的那些女演員頗有不同，她們都相貌出眾，五官端正，而我卻不是這樣。我的臉毛病太多，但這些毛病加在一起反而會更有魅力呢！如果我的鼻子上有一個腫塊，我會毫不猶豫地把它除掉。但是，說我的鼻子太長，不，那是毫無道理的，因為我知道，鼻子是臉的主要部分，它使臉具有特點。我喜歡我的鼻子和臉的本來的樣子。「說實在的，」我對卡洛說，「我的臉確實與眾不同，但是我為什麼要長得跟別人一樣呢？」

「我懂，」卡洛說，「我也希望保持你的本來面目，但是那些攝影師……」

「我要保持我的本色，我什麼也不願改變。」

「好吧，我們再看看。」卡洛說，他表示抱歉，不該提出這個問題。

「至於我的臀部。」我說，「無可否認，我的臀部確實有點過於發達，但那是我的一部分，是我所以成為我的一部分，那是我的特色。我想保持我的本來面目。」

正是這次談話，使導演卡洛・龐蒂真正地認識了蘇菲亞・羅蘭，瞭解了她並且欣賞她。後來，卡洛成了羅蘭的丈夫。由於羅蘭沒有對攝影師們的話言聽計從，沒有對自己失去信心，所以她在接下來的演藝生涯中，得以充分展現她與眾不同的美。而且，她的獨特外貌和熱情、開朗、奔放的氣質，也漸漸開始得到人們的認同。自一九五〇年至一九七九年間，她先後在七十五部影片中扮演各種角色，被人們稱為「從貧民窟飛出來的天鵝」。一九六一年，她主演的《烽火母女淚》（Ciociara, La，又譯為《兩個女人》）獲得巨大成功，她因此榮獲奧斯卡最佳女演員獎。

蘇菲亞・羅蘭在面對自己熱愛的電影事業時，並沒有盲目地聽從導演的意見，她堅持自己的特點，不願在外貌上做出任何改變，即使冒著被導演換掉的危險，她依然相信自己，沒有作出讓步，最終她得到了導演的認可，也得到了觀眾的喜愛，她在電影方面的成就證明了她的堅持和自信是正確的。

在面對人生的轉折時，如果認為自己選擇是正確的，就要堅定地相信自己，不要盲目地去聽從別人的意見，這樣才會讓自己有更大的機會獲得成功。

有一首美國詩歌的結尾是這樣寫的：「……生命的戰鬥並不全是，由強壯或跑得快的人獲勝，但不管是遲是早，勝利總是屬於認為自己能獲勝的人。」

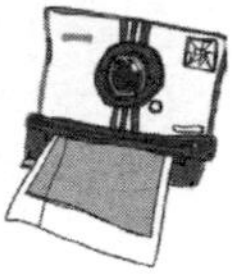

不斷戰勝自我

▼人的一生中會遇到很多敵人，你都應盡全力戰勝他。

你有沒有想過誰是你最大的敵人呢？也許你會說是給你壓力最大，阻礙最大的人。

事實是，人生最大的敵人不是別人正是你自己。因為你的思想、行為正嚴重地影響著你的一切，會給自己帶來壓力、阻礙，而你卻渾然不知，所以要戰勝自己。有句格言說得好：「人生最大的敵人是自己，人生最大的失敗是被自己蔑視。」人要獲得進步，取得成功，就要勇於戰勝自己。那些勇於戰勝自己的人才是真正的英雄。

人都是有惰性的，總是會找到各種藉口為自己的不夠努力開脫。人們經常會犯這樣的錯誤：為了能讓自己多睡半個小時，總是把剛擬好的健身計劃拋諸腦後；為了貪圖舒適，總是拿「學習是長期的任務，不在乎這點時間」當藉口；為了貪圖享樂，無法克制地拿公家的錢吃喝玩樂……等等。這些看起來都是小事，但如果我們不能克服自身的小毛病，怎能在最終戰勝自己，有所成就？如果一個人要想戰勝自己，實現人生的目標，必須從小事中約束自己，從克服自己身上的小缺點開始，這樣才能實現戰勝自己這個最終目標。

每個有成就的人，也許都不是最聰明的人，但他們往往是最懂得自制、懂得戰勝自己弱點的人。

大陸作家張海迪，一九五五年秋天在濟南出生。五歲患脊髓病，胸部以下全部癱瘓。從那時起，張海迪開始了她獨到的人生。她無法上學，便在家自學至完成中學課程。

十五歲時，海迪跟隨父母，下放到山東聊城農村，她當起了當地孩子的老師。她還自學針灸醫術，無償為鄉親們治療。後來，張海迪自學多門外語，還當過無線電修理工。

在殘酷的命運挑戰下，張海迪沒有沮喪沉淪，她以頑強的毅力和恆心與疾病作抗爭，歷經了嚴峻的考驗，對人生充滿了信心。她雖然沒有機會走進校門，卻發奮學習，學完了小學、中學全部課程，自學了大學英語、日語、德語，並攻讀了大學和碩士研究生的課程。

一九八三年張海迪開始從事文學創作，先後翻譯了《海邊診所》等數十萬字的英語小說，編著了《向天空敞開的窗口》、《生命的追問》、《輪椅上的夢》等書籍。其中《輪椅上的夢》在日本和韓國出版，而《生命的追問》出版不到半年，已再版三次，獲得了許多獎項。最近，一部長達三十萬字的長篇小說《絕頂》，即將問世。

從一九八三年開始，張海迪的創作和翻譯作品超過一百萬字。為了對社會作出更大的貢獻，她先後自學了十幾種醫學著作，同時向有經驗的醫生請教，學會了針灸等醫術，為群眾無償治療達一萬多人次。

一九八三年，在報上發表《是顆流星，就要把光留給人間》，張海迪因此聲名大噪。張海迪的命運是不幸的，病魔奪去了她正常人的身體，但她是堅強的，她沒有因為自己身體上的殘疾而自暴自棄，她用自己的堅強意志走出了比正常人更精彩的人生之路。

她是自己的英雄，更成了大家的英雄。

二〇〇八年的殘奧賽場上，各路英雄衝鋒陷陣。他們身殘志堅、勇往直前的戰鬥精神，詮釋了奧林匹克競技體育的深刻內涵，更彰顯了人類超越極限、戰勝自我的運動精神。「人不是生來被打敗的」，只要自強不息，意志堅韌，人人都能創造奇蹟。

「如果我戰勝自己，別人就不會戰勝我。」參與競技的運動員們實現了自我，正是憑藉不放棄、不認輸的信念和意志，以及用於戰勝自己的精神，他們得到人生競賽場上的「金牌」。競賽的魅力在於衝勁，人生的魅力在於追求。身體殘疾的人是一個特殊的群體，他們所付出的比普通人要多得多，但「一分耕耘，一分收穫」，命運只垂青那些戰勝自我永不放棄的「鬥士」。賽場上的殘疾運動員正是一批值得如此尊重的「鬥士」，他們戰勝自卑、戰勝自我、浴火重生，最終實現「更高、更快、更強」。

人要戰勝自己克服困難，需要有一種切實可行的辦法。其實最好的辦法就是像打仗一樣，你首先必須不怕，在戰略上藐視敵人，同時也要在戰術上重視敵人。

比如說，你要完成一件你並不熟悉的工作。這就好像在你不瞭解水性時，讓你游泳一樣，你會害怕。等你一旦掌握了游泳技巧，就不再害怕了。對不熟悉的事，你找來一切相關的資料研究，學習，等到你弄明白了，再去思考如何完成任務，這樣就可以使自己得到提昇，你就有了完成任務的基礎。你在戰術上十分重視敵人，任何一個環節都認真對待，這樣就能順利地完成任務。

挑戰自我是成功原理

▼堅持自己的理想，那麼整個世界都將為你的成功開路。

一個人要挑戰自己，靠的應該不是投機取巧，也不應該是耍小聰明，應該靠信心和實力。

一個人如果有了信心和實力，就會產生堅強的意志和無窮的力量。人與人之間，強者與弱者之間，成功與失敗之間最大的差異就在於意志和力量。一個人一旦擁有了意志和實力，就能戰勝自身一切弱點。

一位小學教師給他的學生出一道作文題目：我的夢想。其中有一位小男孩洋洋灑灑寫了九頁，描述他的偉大志願。他想擁有一座屬於自己的牧馬農場，並且仔細地畫了一張兩百畝農場的設計圖，上面認真地標有馬廄、跑道等位置，然後在這一大片農場中央，還要建一棟佔地四千平方英尺的大房子。

他花了很多心血才把這篇作文做出來，第二天交給了老師。然而三天後，當老師發回作文，他翻開一看：第一頁打上了一個又紅又大的叉，旁邊還有一行字：下課後來見我。小男孩下課後去見老師：「為什麼我的作文不及格？」

老師回答道：「你年紀雖然小，但也不要老做白日夢。你們家裡沒有錢，也沒有雄厚的家庭背景，什麼都沒有。蓋農場是需要很多錢的大工程，你要花錢買地，花錢買純種馬匹，花錢照顧它們，所以你的願望是不可能實現的。因此，我建議你再寫一個比較不離譜的內容，我會重新給你分數的。」

這個男孩回到家後徵求父親的意見。父親只是告訴他：「兒子，這個決定對你來說非常重要，你必須自己拿主意。」於是這個小男孩再三考慮後，決定將原稿交回，一個字都不改。他告訴老師：「即使是不及格，我也不願意放棄夢想。」

幾十年後，這位老師到當年那位小男孩的牧場做客，才真正明白夢想的魔力。

許多人的夢想之所以不能成真，最大的問題出在於自己。自己都輕易改變或是放棄了夢想，有誰會幫你堅持下去呢？

世界著名的大文豪巴爾扎克是學法律的，但是他大學畢業後偏偏想當作家，全然不顧父親要他做律師的忠告，父子關係變得很緊張。於是，父親從此不提供他任何生活費用，而巴爾扎克寫的那些東西又被不斷地退回來，巴爾扎克的生活陷入了困境，開始負債纍纍。在最困難的時候，他甚至只能吃點麵包，喝點白開水。但是他從來沒有動搖過自己的夢想。

在這段最困難也最狼狽的日子裡，巴爾扎克居然還花了七千法郎買了一根鑲嵌著瑪瑙的粗大手杖，並在手杖上刻了一行字：我將粉碎一切障礙。

正是這句捨我其誰的座右銘支持著他，巴爾扎克一直堅持著自己的理想，後來的事實證明，他果然成功了。

要想享受快樂人生，就要經得住生活對你的考驗。還是那句話，堅持自己的理想，那麼整個世界都將為你的成功開路。

每個人都擁有自己的夢想，但是到頭來真正能夠實現夢想的人卻很少，為什麼？人的智商不會有太大的差別，能否成功的關鍵就在於你是否有勇氣去挑戰自己，能否做到別人做不到的事情，敢於挑戰自己的人，往往能夠激發自己無窮的潛力，取得更大的成就。

五年前，埃米莉畢業於某理工大學，當時有兩個工作可供她選擇：一個是到一家大型的上市公司做祕書，一個是到一家剛起步，但未來發展較好的企業做業務。大部分朋友都勸她到那家上市公司去，認為這樣的工作比較具有穩定性，適合女孩子；但埃米莉覺得自己一向喜歡挑戰，認為擔任業務更能夠激發自己的鬥志，所以她最終選擇了業務行銷工作。

經過幾年的工作經歷，原本「很有個性」的埃米莉，在銷售中逐漸掌握了商場中為人處世、與人溝通的技巧和一些職場遊戲規則。埃米莉還逐漸樹立了自己的工作原則和親切的風格，凡事都站在客戶的角度出發來銷售產品，在工作中對客戶的承諾說到做到，也贏得了客戶的信賴和回報。

埃米莉給自己不斷制定新的目標，包括銷售額和個人收入，而這些計劃常常帶有挑戰的色彩，強迫自己實現目標。她想證明自己還能做到更好，在這個目標下，她不但有了豐厚的收入，也在這個行業有了點名氣。但當達到一定業績後，她卻發現自己在銷售管理方面有些乏力。

面對如此情況，埃米莉又依照顧問的建議，勇敢地跨出了新的一步，跳槽到一家準備大力開拓市場的公司做了行銷經理。雖然這個工作讓她生活過起來很不輕鬆，但她卻很「沉迷」，有著如魚得水的滿足感，更重要的是從這個工作中，她學會了如何更完善地管理一個銷售團隊，這正是她進入這家公司的主要原因，她最後成為資訊科技公司一名出色的行銷經理，在新的業務年度裡，被任命為業務總監，埃米莉在職場上必將有不小的發揮空間。埃米莉是一個敢於挑戰自己的人，她在自我挑戰的過程中體會了生活的樂趣，更體會了挑戰給自己帶來的成就感。所以，成功的人都不是一蹴而就的，他們都是在不斷挑戰自己的過程中，為自己樹立更高的目標，一步步邁向人生的最高點。敢於向自己挑戰的人，一定是非常有自信的人，他認為自己一定能夠比現在更好，所以不斷提高對自己的要求；敢於挑戰自己的人一定很有鬥志，因為他喜歡讓自己變得更好。

記得及時獎勵自己

▼通往成功的路是艱難坎坷的，但學會時刻獎勵、鼓勵自己的人，似乎離成功會更近一些。

人需要一種力量，這種力量能夠支撐我們繼續努力，或者讓我們更有鬥志，這就是獎勵的力量。很多時候人們總是認為獎勵要靠別人給予，但是實際上，在適當的時候，自己給自己打氣，自己給自己鼓勵是更好的興奮劑。在實現了自己所制訂的計劃時，可以驕傲地跟自己說聲「你真棒」，或者可以吃頓大餐來獎勵一下這段期間的努力，如此不僅能讓自己放鬆，更是激發自己繼續前進的動力。所以，不要吝於自我讚美，在適當的時候要給予自己一定的獎勵。一個懂得鼓勵自己的人，更知道怎樣讓自己一直保持旺盛的精力，這樣的人更容易接近成功。

有的人透過言語來獎勵自己，有的人則透過行動。通常，我們會認為別人對自己的獎勵是理所應當的，因為付出了很多，做了很大的貢獻；而在我們的內心裡，如果擅自褒獎自己，就可能有過於自滿的嫌疑，但是在內心深處，只有我們才明白自己要的是什麼、在乎的是什麼。要求別人或者上司去揣測你的心理，等於是緣木求魚一樣困難……因此，不如偶爾獎勵一下自己吧：把內心的渴望說出來，把誠實的幸福感受道出來，把你願意與人分享的快樂拿出來。當然在此之前，也必須能夠真心地執著你的夢想與追求。

四個來自不同地方的青年找到魯班，他們希望能從魯班手裡學到精湛的木工手藝。魯班拿出四把沒有柄的斧頭，對四位年輕人說：「從這裡往前走，翻過西山的六個山頭，有一片灌木林。這四把斧頭都需要一把灌木做的柄，你們四個人去吧。回來後，我會把我全部的手藝都傳授給你們。」

魯班的家人從廚房拿出四個乾糧袋，裝入了等量的燒餅和雞蛋。對四個人說：「去吧，這是你們路上的食物。」四個青年拿起斧頭，背起乾糧上路了。

毒辣的太陽和滿路的荊棘，讓四個小伙子感到又渴又餓又苦又累。行到第一座山頭的半山腰，四個人坐在溪邊的草地上，喝了幾口甘泉，然後打開了乾糧袋。乾糧袋裡有六個燒餅和六個雞蛋。一個青年建議說：「我們應該爬到山頭再吃！」另一個青年笑著說：「別傻了，現在我們又饑又餓，還要背著沉甸甸的乾糧袋，吃點兒，既解決了飢餓問題，又減輕了身上的負擔……」一邊說邊拿起燒餅雞蛋塞進嘴中。

看到他吃得津津有味，另兩位青年嚥了嚥口水，也拿起燒餅雞蛋。一個青年吃了三個燒餅三個雞蛋，然後躺在草地上拍拍自己隆起的肚皮說：「好爽呀！我不上去了，又苦又累。一會兒我就下山，剩下的食物正好夠我路上吃。」

三個人繼續前行。到了山頂，三個青年在樹下歇息，半路沒有吃東西的青年，打開乾糧袋，拿出一個燒餅一個雞蛋，說：「終於爬到山頂了，這就是自己給自己的獎勵！」「對，我們已經過了一關，是應該獎勵一下自己！」另外兩個小伙子也打開乾糧袋吃了起來……

到第二座山的半山腰，一位青年的乾糧袋空了。他躺在草地上懶懶地說：「你們兩個走吧，我受不了這種折磨。」

兩個人繼續前行，到了山頂，兩個青年在樹下歇息。半路沒有吃東西的青年，打開乾糧袋，拿出一個燒餅，一個雞蛋，說：「終於又爬到了一個山頂！」另一個青年吃完自己最後的一個燒餅，一個雞蛋後，望望眼前還有四座山峰，說：「求師的路太艱難了，你一個人去吧！」

就這樣，每爬到一個山頭，剩下的那個小伙子總會滿臉笑容地打開乾糧袋，給自己成功的獎勵……

翻過最後一個山頭後，青年終於看到了師傅說的那片灌木林。在灌木林旁邊一塊大石上，魯班師傅笑瞇瞇地坐在上面。小伙子連忙上前叩拜，魯班急忙拉起他問：「其他人呢？」小伙子說：「他們半路放棄了！」「那你為什麼能一直堅持走下去？」小伙子拍拍空的乾糧袋說：「因為有師傅給我的食物做獎勵，每爬到一個山頭，我就會嘗到一份成功的喜悅……」不等他說完，魯班就哈哈大笑起來，說：「好，我就收下你這個徒弟了……」

這位最終成為魯班徒弟的青年，就是明白在適當時候獎勵自己的人，他沒有把僅有的食物一次吃完，而是把它當成登上每個山頭對自己的獎勵，所以，他一路上都保持著熱情，這份熱情伴隨著他成功到達了目的地，得到了魯班的賞識。

通往成功的路是艱難坎坷的，但學會時刻獎勵、鼓勵自己的人，似乎離成功會更近一些。

學會獎勵和欣賞自己的人總是從從容容；能夠獎勵和欣賞自己的人總不至於覺得太孤寂；善於獎勵和欣賞自己的人，在自我調適過程中，不會為自己打上「最高分」或「最低分」；擴張獎勵和欣賞自己視覺的人，他人的肯定對自己而言像是一個「吉祥物」——充滿愛心與友誼。

每一個人都是一道風景，或平凡或美麗；每一個人都是一個故事，或曲折或平淡。沒有人不喜歡被獎賞，因為那是最真誠的讚美，那是由衷的祝福。一帆風順當然很好，但經歷苦難而不倒的人更令人讚嘆。成功的狂喜，屢敗屢戰的鬥志，都彌足珍貴。

懂得獎賞自己，也就學會了寬容，會為別人送去一份至誠的獎勵，告訴他你是他的朋友。

為自己努力，超越自己

▼走上了人生的舞台，就應全心全力地表演，忘掉曾有的成功，也放棄曾經經歷過的失敗，更要忘記自己的聰明。

在這樣一條人人必然經過的人生路上，總會在不經意的一刻冒出料想不到的對手，為了繼續行進，我們必須打敗它，超越它。但在它們之中，有個最強大的，或許很少有人能輕易超越它，它就是我們自己。

有一個心理學家曾經說過：「你一定比你想像的還要好，但是許多人並不這樣認為。」是的，人總是害怕去思考超出自己想像的事情，認為那是不可能達到的，然而事實上，人的潛力是無窮的，只要你願意嘗試，就會發現自己能夠超越原來的自己。許多傑出人士在小小年紀時，就懷有大志，寄望與眾不同，無論遭遇任何磨難，仍相信自己是最好的。你是不是有這樣的信念，有別人打不倒的自信心呢？你的堅持有多強，你的自信就有多強，你的路就有多長。人，往往習慣於表現自己所熟悉、所擅長的領域。但如果我們願意回首，細細檢視，將會恍然大悟：看似緊鑼密鼓的工作挑戰，永無止盡難度漸升的環境壓力，不也就在不知不覺間養成了今日的諸般能力嗎？因為，人確實有無限的潛力！

每一個人都應該永遠記住這個真理，只有不斷超越自我的人，才是一個真正的聰明人。人生在世，每個人都有自己獨特的稟性和天賦，每個人都有自己獨特實現人生價值的切入點。你只要按照自己的稟賦發展自己，不斷地超越心靈的絆腳石，你就不會忽略了自己生命中的太陽，而湮沒在他人的光輝裡。

約翰和湯姆是相鄰兩家的孩子，他倆從小就一起玩耍，約翰是一個聰明的孩子，學什麼都是一點就通，他知道自己的優勢，自然也頗為驕傲。湯姆的腦子沒有約翰靈光，盡管他很用功，但成績卻難以進入前十名。與約翰相比，他心裡時常流露出自卑，然而，他的母親卻總是鼓勵他：「如果你總是以他人的成績來衡量自己，你終生也不過只是一個『追逐者』。奔馳的駿馬儘管在開始的時候總是呼嘯在前，但最終抵達目的地的，卻往往是充滿耐心和毅力的駱駝。」

約翰自認是個聰明人，但一生平平，沒能成就任何一件大事，而自覺很笨的湯姆卻從各個方面充實自己，一點一點地超越著自我，最終成就了非凡的事業。約翰憤憤不平，以至鬱鬱而終。

他的靈魂飛到了天堂後，質問上帝：「我的聰明才智遠遠超過湯姆，我應該比他更偉大才是，但為什麼你卻讓他成了人間的卓越者呢？」

上帝笑了笑說：「可憐的約翰啊，你至死都沒弄明白：我把每個人送到世上，在他的生命『口袋』裡都放了同樣的東西，只不過把你的聰明放到了前面的『口袋』裡，你因為看到或是觸摸到自己的聰明，而沾沾自喜，以至誤了自己的終生！而湯姆的聰明卻放到了後面的『口袋』裡，他因為看不到自己的聰明，因此總是仰著頭看著前方，所以，他一生都在不自覺地邁步向前！」

湯姆因為自己沒有過人的天賦，所以他選擇了腳踏實地，從小事做起，一點一點實現自我超越，最終他成就了自己的卓越，而聰明的約翰自認很聰明，並沒有好好利用自己的天賦，而是選擇原地踏步，久而久之，湯姆超過了他，他只能在羨慕別人中鬱鬱寡歡。

前一陣子，電視播放了一個廣告新星大賽的決賽實況錄影，其中一個參賽選手原本是旅館服務生，後來成為一名歌手，現在又想成為廣告新星，她在比賽中說了一句話：人就是要不斷超越自己。這句話說得很好，一個有理想有抱負的人就是要勇於不斷超越自己，正如法國大文豪雨果所說：「所謂活著的人，就是不斷挑戰的人，不斷攀登命運峻峰的人。」

人生就是人為了夢想和興趣而展開的表演。想要表演成功，就得不斷超越自己，不管聰明，還是愚鈍。走上了人生的舞台，就應全心全力地表演，忘掉曾有的成功，也放棄曾經經歷過的失敗，更要忘記自己的聰明。因為在表演中「聰明」是沒有幫助的，它需要的是腳踏實地的投入，一次次對自我超越以及突破。

多少次想舉起的手卻又被自己拉回，多少次想在眾人面前展現自己又被怯懦嚇回，多少次想管一管無理的事，腦海裡卻又閃出「不關我的事，還是安靜點吧」的念頭，多少次想大膽承認錯誤卻被自己的虛榮擊敗……一次次我們被自己打敗，我們寧願沉浸在往日的輝煌回憶中，而不願再度去創造新的高峰。

在我們的身上，在我們的周圍，無不存在著這種現象，我們忘不了昨日的輝煌榮辱，我們也對明日的美好前程充滿想像，我們唯一不做的，是在今天做一個真正的自我。昨天，無論成敗榮辱，都已成為無法改變的歷史，明天，縱然光輝萬里，也只是尚未實現的未來，而今天是完完全全屬於我們的，我們讓它成功它就成功，讓它失敗它自會失敗，所以我們應該告誡自己，也告誡和我們一樣不敢面對自我，不敢面對現實的朋友，為了讓我們的昨天少些遺憾，明天多些燦爛，我們只有在今天做回自我，把握自我，相信自我，超越自我。

Chapter 07

忍耐一下，為贏得快樂三分

沒有忍耐精神，就不能成就大事業。
懦弱、意志不堅定，就不能得到他人的信任與欽佩，
積極、意志堅強的人，才能委以重任，
事業的成功也就指日可待。
意志堅定的人，不怕這世界上沒有他的位置。
不管情形如何，如果你能忍耐、堅持住自己的意志，
你就已經具備了「成功」的要素了。

寬容小事，成就大事

▼將帥必有取天下之才，有取天下之慮，有取天下之量。

在現實生活中，有些人脾氣粗暴，動不動就大發雷霆。有些人則慈眉善目，忍辱禮讓，有一副謙恭待人的好氣度，這都是忍字有術，就看你自己的修為如何了。

修心必先修德，養身須先制怒，你對什麼事情忍不住，就做不了什麼大事。

也許有人會說，喜怒哀樂是人之常情，生活在充滿矛盾的世界上，誰不曾遇到過生氣彆扭、令人氣憤發怒的事呢?然而，生氣發怒無論從人體養生還是修身養性來講，都是有百害無一利的。

古人云：「忍一時風平浪靜，退一步海闊天空。」

如果能做到寬懷大度、忍辱不辯，自然就能遠離是非，無憂無慮度過逍遙自在的人生。

《論語．衛靈公》中說：「小不忍，則亂大謀」，小事情不能忍讓，便會敗壞大事業；司馬遷在《史記》中說：「小不忍害大義」；民間也有「忍能生百福，和可致千祥」、「一勤天下無難事，百忍堂中養太和」的諺語。

唐代張公藝寫的《百忍歌》中說：

仁者忍人所難忍，智者忍人所不忍。
思前想後忍之方，裝聾作啞忍之準。
忍字可以走天下，忍字可以結鄰近。
忍得淡泊可養神，忍得饑寒可立品。
忍得勤苦有餘積，忍得荒淫無疾病。

在清朝欽差大臣林則徐的大堂上也曾高懸著「制怒」的警言，過去的人們對發怒的危害早有認識。

《水許傳》中的人物李逵，闖禍極多，就是因為他性情暴躁、頭腦簡單，不能忍小辱，他在潯陽江被「浪裡白條」張順灌了一肚子水，就是由於一味逞兇無忍勁。

想要成為大丈夫、大英雄，就必須能忍常人之所不能忍。

隋朝的時候，隋煬帝十分殘暴，各地農民起義反抗，許多當朝官員也紛紛轉而幫助農民所組成的起義軍。而隋煬帝的疑心病很重，尤其對朝中大臣以及外藩重臣，更是易起疑心。

唐國公李淵（也就是後來的唐太祖），曾多次擔任中央和地方官員，所到之處總是悉心結納當地的英雄豪傑，多方樹立恩德，因而聲望很高，許多人都來歸附。

大家都很替李淵擔心，怕他因此遭到隋煬帝的猜忌。正在這時，隋煬帝下詔要李淵到行宮去晉見。李淵因病未能前往，隋煬帝很不高興，多少產生了猜疑之心。

當時，李淵的外甥女王氏是隋煬帝的妃子，於是隋煬帝向她問起李淵沒有來朝見的原因。

王氏回答說：「李淵病了。」

隋煬帝又問道：「會死嗎？」

王氏把這消息轉告給了李淵，李淵更加警覺了，他知道自己遲早會為隋煬帝所不容，但過早起事又力量不足，只好隱忍等待。

於是，他故意敗壞自己的名聲，整天沉湎於聲色犬馬之中，而且大肆張揚。隋煬帝聽到這些，果然放鬆了對他的戒備。也是因此，才有後來的太原起義和大唐王朝的建立。

正如蘇洵所說，要真正做到「忘其小喪而志於大得」，將帥「必有取天下之才，有取天下之慮，有取天下之量」。「量」是指用人、容人的氣量，就是俗話所說「宰相肚裡能撐船」的寬宏大量。

勇有餘而謀不足，謀有餘而量不足，量有餘而謀不足都是不行的。一切要從實際面出發，才能正確理解大與小、多與少的關係。

我們應該知道，戰略制定與執行必須有縱橫向的考量。

就橫向考量而言，必須從事物的全局、整體觀點出發，正確地處理全局與局部、大局與小局之間的關係，時時事事要著眼於全局與整體，用整體的觀點出發統率，特別要注意不犯因小失大、「小不忍則亂大謀」的錯誤；同時又要充分注意拿捏好對全局具有決定性影響的細節，防止出現「一著不慎，滿盤皆輸」的錯誤。

而從縱向來看，就是從時間方面考慮事物發展的全部過程，一開始就要規劃到結局，正確處理現在與長遠階段之間的關係，眼前利益必須服從長遠的利益，避免顧此失彼、鼠目寸光、急功近利的短期行為失誤，也不可以躁進，把下一階段的工作任意調整到現階段來做。

歷史上最有名的例子就是韓信忍受的胯下之辱，當時韓信落魄潦倒，無心也無力與惡少相爭，只好忍辱從惡少胯下爬過。孫臏忍龐涓之辱在歷史上也很有名，因為擔心遭到龐涓的殺害，孫臏只好裝瘋賣傻保住自己的性命。這二位最終結果如何？韓信留下有用之身，終於成為大將，如果他當時鬥氣，恐怕早就被惡少打死了；而孫臏保住一命，最後終於也收拾了龐涓！如果他當時不能忍，也早就沒命了。

韓信也好，孫臏也好，都是「忍一時之氣，爭千秋之利」，這一點值得年輕氣盛的人們好好學習。如今的年輕人，動輒與人出口相罵，甚至大打出手，稍遇不公就要奮力爭出個結果，當然這並不是沒有道理，只是一定要考慮後果。

「忍一時之氣，免百日之憂」，這是說如果能夠忍受一時的怒氣，就可以避免長久的憂愁，要懂得忍讓，而不要感情衝動、魯莽行事。小不忍則亂大謀，凡成就大業者莫非如此。

一時不忍，後患無窮

▼一碗飯填不飽肚子，一口氣能把人撐死。

在現實生活中有許多人動不動就暴跳如雷，本來好事一件常常因為逞一時之快而告失敗，事後再後悔，為時晚矣。處理人際關係如此，處理家庭關係如此，處理商戰亦如此，只要能克制自己的憤怒，保持面帶微笑的大將風度，那麼將無往而不利。

忍耐是痛苦的，它壓抑了人性本能的歡樂，赤裸著身軀在鋪滿荊棘的道路上滾爬，鮮血佈滿了臉也全然不顧。忍耐是人類最值得珍視的人格之一。

學會忍耐，就是學會不做蠢事，學會不做那種逞一時痛快但可能終生遺憾的事。

因此，我們自己不僅要學會忍耐，也要經常注意到別人是否為了自己也在忍耐。

忍一時風平浪靜，一時不忍，後患無窮。怒皆由氣而生，氣和怒是兩個孿生的兄弟。

由憤怒不平，而怒火勃發。怒氣會使「血氣耗，肝火旺，怒傷肝」，這些常識早已為人們所熟知。

俗話說：「一碗飯填不飽肚子，一口氣能把人撐死」，現實生活中也曾發生因生氣、盛怒而身亡的案例。在諸葛亮三氣周瑜的歷史故事中，周瑜在惱恨暴怒之下，口吐鮮血而亡，正是其中的例子。

世人的許多怒氣大都來自貪慾與私心。鄰里之間的爭吵，無非是為了一點小利或受了一點小損害。如果能用一顆淡泊的心對待世上的功名利祿，怒氣自然就小了，也就不會為了一點小小的得失而大發雷霆。

聽說有科學家做過這樣一個有趣的實驗：在鼻子上插一根吸管，吸管的另一頭插在雪地裡。正常情況下，雪水沒有什麼變化。

當人的情緒不穩定的時候，雪水會變成灰色。當人在極度暴躁的時候，雪水就會變成淡淡的紫色。

把這些紫色的雪水抽出來，注射到小白鼠身上，只要一滴，小白鼠立刻死亡。當人在極度憤怒的時候，會產生大量的毒素。這些毒素會侵害我們的中樞神經系統，進而影響全身的器官。判斷身體是否有毒素的方法很簡單：皮膚是否乾燥、瘙癢、臉色暗淡發黑、毛囊發炎、青春痘等。這些都是毒素排放的結果。

在法國發生了一個故事：

阿蘭·馬爾蒂是法國西南部一個叫做塔布小城的警察，一天晚上他身著便裝來到市中心的一間煙草店門前，正準備到店裡買包香煙。這時店門口出現一個叫埃里克的流浪漢，向他討煙抽。

馬爾蒂隨口回答他自己正要進去買煙。埃里克認為馬爾蒂買了煙後就會給他一支。

當馬爾蒂出來時，喝了不少酒的流浪漢纏著他索煙，馬爾蒂不給，於是兩人發生了口角。隨著互相謾罵和嘲諷的聲音越來越大聲，兩人情緒也越來越激動。

馬爾蒂掏出了警官證件和手銬，說：「如果你還不快走，我就給你一些顏色看。」

埃里克反唇相譏：「你這個渾蛋警察，看你能把我怎麼樣？」

就在這樣言語的刺激下，二人扭打成一團。旁邊的人趕緊將兩人分開，勸他們不必為了一支香煙發那麼大火。

被勸開後的流浪漢嘴裡還一直罵著，向附近一條小路走去，他邊走邊喊：「臭警察，有本事你來抓我呀！」

失去理智、憤怒不已的馬爾蒂拔出槍，衝過去，朝埃里克連開四槍，埃里克倒在血泊之中……

法庭以「蓄意殺人罪」對馬爾蒂作出判決，他將服刑三十年。

這個故事中，一個人死了、另一個人坐牢，起因只是一支香煙，罪魁是失控的情緒。

生活中我們常見到當事人因為不能克制自己引發爭吵、打架，甚至流血衝突。有時僅僅是因為你踩了我的腳或是一句話說得不恰當而已。

在乘地鐵時爭搶座位，在公車上被擠了一下，都可能成為引爆一場口舌大戰或拳腳相見的導火線。在社會案件中，相當多的例子都是由於當事人不能冷靜地處理事情而發生的。

人們常說：「人的忍耐是有限度的，到一定程度就會爆發。」你相信嗎？

猶太人是忍耐力很強的民族之一。如果沒有這樣堅忍不拔的忍耐力，他們絕不可能在經歷了兩千多年的流離失所及惡意打壓而不滅亡。他們在惡劣的環境和腹背受敵的攻擊中，常常表現得從容自信，練就了一種特殊的民族性，能忍一切不可忍之事，這就是猶太人成功的真諦之一。

猶太史上提到希雷爾拉比就是很能忍的人，這邊有一則故事：

有兩個人打賭，說好誰能讓希雷爾拉比發火，就可以贏四百塊錢。

這天剛好是安息日前一夜，希雷爾拉比正在洗頭時，有個人來到門前，大聲喊道：「希雷爾拉比在嗎?希雷爾拉比在嗎？」

希雷爾拉比趕忙用毛巾包好頭，走出門來問道：「孩子，你有什麼事嗎？」

「我有個問題要請教。」

「那就請講吧，孩子。」

「為什麼巴比倫人的頭是圓的?」

「你提出了一個重要的問題，原因在於他們缺乏熟練的產婆。」那個人聽完，就走了。

才過一會兒，那個人又回來敲門了，他說：「我還有許多問題要問，但怕惹您生氣。」

希雷爾拉比乾脆把身體都裹好，坐下來說：「有什麼問題，你儘管問吧！」直到最後，希雷爾拉比仍然沒有發火，反而是那個人自己快要發火了。

回想自己在現實生活中，是否動不動就暴跳如雷，造成無法彌補的傷害之後，後悔卻已經來不及；是否曾經因為小事就抓狂不已，萬一需要面對惡劣的環境，或者腹背受敵的攻擊，那會變成什麼景況。

如果你忍不住別人的刺激，快要如火山一樣爆發的時候，就試試美國前總統傑弗遜所教的方法：「生氣的時候，先在心裡從一默數到十再開口說話。如果非常憤怒，就數到一百。」

也許當時忍耐的心情是痛苦的，但它結出的果實卻是甜美的。積極的忍耐是生活中必須具備的素養，是千金難買的良好氣質。成大事者，受委屈、忍耐是必不可少的。

積極忍讓，皆大歡喜

▼容人須學海，十分滿尚納百川。

在非洲大陸，動物一旦被舌蠅叮咬，就可能染上「昏睡病」。科學家研究後發現，舌蠅的視覺很特別，一般只會被顏色一致的大塊面積所吸引，所以舌蠅從不叮斑馬，因為斑馬一身黑白相間的斑紋一點都不吸引他們。

然而，斑馬身上對比強烈的斑紋，卻使牠很容易受到獅子等獵食性動物的攻擊。

這意味著，在進化過程中斑馬雖然選擇使自己冒著被獅子吃掉的風險，卻也成功地躲掉昏睡病的困擾。

這個世界上沒有完美無缺的選擇，這便是人生。正如我們熟悉又陌生的塵埃，它污染空氣，但卻把天空渲染得更藍。

我們都有這樣的經驗，陽光照進室內，會有許許多多細小的塵埃在飛舞，正是這些小小的塵埃在折射著陽光，使陽光變得柔和、舒適。大氣層中塵埃可以過濾光線的作用，它濾去太陽的紅、橙、黃、綠等較強顏色的光，留下的是較弱的藍光，這些藍光被大氣層中的塵埃吸收折射著，於是，天空變得蔚藍、溫柔。

天空容納塵埃，原來是一種美麗的智慧。

唐代宰相婁師德的弟弟要去代州都督府上任，臨行前，婁師德對弟弟說：「我沒多少才能，現位居宰相，如今你又得任州官，我們家族得到的恩賜太多了，會引起別人的嫉恨。該如何對待？」

他弟弟回答說：「今後如果有人往我臉上啐唾沫，我也不說什麼，自己擦了就是。」

婁師德開玩笑說：「這正是我擔心的。那人啐你唾沫，是因為憤怒，你把它擦掉了，就是抵擋那人怒氣的發洩。唾沫不擦自己也會乾的，倒不如笑著接受。」

婁師德兄弟的這番談論，雖然只是開玩笑，其中意思就是要忍耐、要退讓，不要去和對方針鋒相對。不然，就會更加激怒對方，使矛盾更加尖銳化，帶來更嚴重的後果。

忍耐是解決複雜矛盾的最佳途徑。那種遇事不冷靜，以爭吵對爭吵，以打鬥對打鬥，針尖對麥芒，寸利必爭的行為只是火上澆油，不僅無助於事情的解決，還會使情況變得更加糟糕。

忍讓和寬容說起來簡單，做起來並不容易。因為任何忍讓和寬容都是要付出代價的，有時還是痛苦的代價。

人一生常常會碰到個人的利益受到他人有意無意侵害的狀況，為了磨練自己，你要勇於接受忍讓和寬容的考驗，即使感情無法控制時，也要緊閉住自己的嘴巴，管住自己的大腦，只要忍一忍，就能抵禦急躁和魯莽，控制衝動的行為。

人生在世，不如意事十常八九。人生的道路坎坎坷坷，不會永遠一帆風順，難免會有事與願違之時，你不可能看透身邊所有人的心思，萬一不幸的事在你面前發生，有人對你的成功產生嫉妒，或是你的好朋友背叛你時，如何能遏止這即將迸發的怒火呢？最好的方法就是寬容和忍耐。

當然，寬容和忍耐並不是懦弱，也不是任人左右。不是那種「人生在世不稱意，不如散髮弄扁舟」的消極對待，不是「月過十五光已少，人到中年萬事休」的不求上進、自甘平庸的藉口，更不是「人生在世須盡歡，莫使金樽空對月」的玩世不恭。

寬容和忍耐，是一種博大胸襟的展現，是退一步海闊天空的悠然，是將怨氣看做浮雲的恬淡，是「不以物喜，不以己悲」的深層詮釋。

有時，生活需要你的忍耐；有時，你必須忍耐生活。

當命運之舟一次次被惡浪掀翻的時候，應該忍耐，因為「長風破浪會有時，直掛雲帆濟滄海」；當尷尬的人生令你失望或者讓你惆悵萬端的時候，應該忍耐，要知道通向幸福桃花源的路口也是「初極狹，步行數十步，豁然開朗」；當你才華橫溢卻懷才不遇的時候，應該忍耐，因為「千淘萬漉雖辛苦，吹盡狂沙始到金」；當你的好朋友背叛你，在你的背後抹黑造謠的時候，你應該寬容忍耐，因為「誰人背後不說人，誰人背後無人說」，這樣會使你更清醒地認識一個人。

深邃的天空容忍了雷電風暴一時的肆虐，才有風和日麗；遼闊的大海容納了驚濤駭浪一時的猖獗，才有浩渺無垠；蒼莽的森林忍耐了弱肉強食一時的規律，才有鬱鬱蔥蔥。

「容人須學海，十分滿尚納百川」，智者能容，越是睿智的人，越是胸懷寬廣。大度能容，因為他洞明世事、練達人情，看得深、想得開、放得下。

人的一生中，總會遇到很多讓一般人感到生氣的事。但是如果我們能把發怒的心態轉換為感激，就能化怒氣為祥和，到達高尚的精神境界。

感激傷害你的人，因為他磨練了你的心志；

感激絆倒你的人，因為他強化了你的能力；

感激欺騙你的人，因為他增長了你的智慧；

感激斥責你的人，因為他讓你學會了忍耐；

感激生命中所有結緣的眾生，

因為他們的存在使你的人生豐富多彩。

英國有一句名言叫：「誠摯地寬恕，再把它忘記。」著名作家馬克．吐溫也說：「紫羅蘭把它的香氣留在那踩扁了它的腳踝上。這就是寬恕。」這是多麼偉大的品格，多麼高深的境界呀！

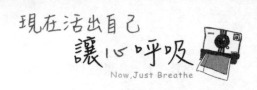

做到忍讓，更好生存

▼天下有大勇者，猝然臨之而不驚，無故加之而不怒。

人也許有兩種：內斂型與外放型。內斂型的人就算是看到、聽到、體會到自己不能接受的東西，都會隱於心裡，不表露出來，好像沒有那回事一樣，別人也無從得知他真實的想法。

與這種人相處通常沒有什麼障礙，這種人成功的機率很高。但他們並不只是有雅量而已，他是在等待機會，有朝一日如果有機會的話，他一定不會放過那些要他接受不公平待遇的人！

外放型的人就是情緒化，情感不隱於心裡，有任何想法都會盡量讓人知道。如果他對你感到憤怒，就會告訴你。

他沒什麼心機，大家都喜歡和他相處，但有時又令人感到匪夷所思，因為他總是會讓自己下不了台階，甚至完全不懂得掩飾自己的愚蠢。總讓人覺得，為什麼他就不忍一忍呢？

人與人之間本來就存在著不同的利益和矛盾，相互之間難免產生誤解和分歧。如果處理不當就會釀成糾紛、衝突和傷害；處理得當便能相安無事，息事寧人，化干戈為玉帛。

其中的關鍵在於，大家都要學會必要的忍讓。俗話說：「忍一時之氣，免百日之憂」。這句話很有道理的，也是很多人的經驗之談。但也有人覺得忍讓吃虧、受氣、沒面子，是懦弱的表現，因此一旦雙方發生爭執時，絕不相讓，甚至連一點雞毛蒜皮的小事，也非要爭個高低不可。因此常常由爭吵到辱罵，以至拳腳相向、兵戎相見。其結果必然是兩敗俱傷，後悔莫及。其實，忍讓不僅是一種智慧，也是一種修養，更是人們應該具有的風度及美德。

唐朝名臣郭子儀對忍讓有獨到之法，簡簡單單兩個字「忍」和「慎」，就做了四朝皇帝所器重的重要官員。

當時皇帝身邊有個叫做魚朝恩的宦官，此人毫無才情，倒是很會溜鬚拍馬，所以受到皇帝所寵幸。魚朝恩對於郭子儀的才幹和權勢十分妒忌，多次在皇帝面前打小報告，誹謗攻擊郭子儀，都沒有成功，憤怒之下，竟暗中指使人去破壞郭家的祖墳。

郭子儀當然知道這是魚朝恩的卑劣伎倆。當時他身任大元帥，手握重兵，一舉手一投足，都關係著大唐帝國的興亡，連皇帝都敬著他三分，想要除掉一名魚朝恩，真可謂不費吹灰之力。

當他從前線返回朝廷時，滿朝公卿都以為他必將有所行動，豈料郭子儀卻對皇帝說：「我帶兵多年，都無法完全禁止部下的殘暴行為，士兵毀壞別人墳墓的事也是不少，我家祖墳被掘，這是臣不忠不孝、獲罪於上天的結果，並不是他人故意破壞。」

祖墳被挖事關重大，而郭子儀卻能隱忍下來，足見他的氣度之大。也正因為他能屈能伸，能忍能讓，他才得以在那個奸佞橫行、國君昏弱的時代，逢凶化吉，度過一次又一次的政治險境，享盡富貴，以八十五歲的高齡，安然辭世。

在社會上行走，「忍」字很重要，因為一個人不可能在任何時間、任何場合下都事事如意，有些事情怎麼也無法解決，有些事情可能沒法很快解決，所以你只能忍耐！動輒生氣的人雖然可以解除一時的心理壓力，但從長遠來看，他會斷了自己的前程。

人的一生當中會遇到很多問題，如果在當下你能忍一忍，並學會控制自己的情緒和心志，以後即使碰到重大的問題，自然也能等到最好的時機再把問題解決，這樣才能成就大事業！

當然，能忍之人與「窩囊廢」是有所區別的，千萬不要做窩囊廢。人也要有一身正氣，碰到自己有理之事時，要先據理力爭，以正壓邪，更不能喪失一個人的人格、國格。

也就是說，忍也要看忍的對象、範圍和程度。大事忍，小事也忍，無理時忍，有理時也忍，這就真是一個「窩囊廢」了。

羅素說：「希望是堅韌的枴杖，忍耐是旅行袋，攜帶它們就可以登上永恆之旅。」成功是許多忍耐的總和。偉人的特徵之一，就是比平常人更會忍耐，小不忍則亂大謀。忍耐需要勇氣，需要智慧，更需要信念和力量。忍耐是成功的必備要素。

宋人蘇軾在《留侯論》中說：「古之所謂豪傑之士者，必有過人之節，人情有所不能忍者。匹夫見辱，拔劍而起，挺身而鬥，此不足為勇也。天下有大勇者，猝然臨之而不驚，無故加之而不怒，此其有所挾持者甚大，而其志甚遠也。」

有人認為和顏悅色、忍讓無爭、寬恕容忍與從不惡言厲色，就是十足的懦夫行徑，殊不知這樣的人才是真正具有大智、大仁、大勇的人物。凡事忍耐、含垢忍辱、承認過錯及接受責罰不一定就是軟弱，事實上，在衡量自身條件尚無必勝把握時，暫時的忍辱負重是必要的。而死不認錯，往往是因為怕負責任，那才是真正的懦夫。

「一忍，可以當百勇；一靜，可以制百動。」一個人胸懷坦蕩磊落，能無所不包、無所不容，那就無事不能成、無功不可就了。古代豪傑人物，都有超乎常人的修養，更有著忍一般人所不能忍的功夫。心字頭上一把刀謂之忍，你若挨得過這把刀，寸寸心血會教你成功。「必有容，德乃大；必有忍，事乃濟。」能包容一切，方能接受一切、忍耐一切，然後必能改變一切、克服一切。所謂大度能容、逆來順受，並不是天生的窩囊廢，相反的正是一個成大功、立大業的強者。

生活，不可能事事如意，也不可能光靠幾張嘴甚至是動刀動槍就能解決所有人事之間的矛盾。因此生活在這個社會的人們應該學會在適當的時候忍讓，在關係到自己尊嚴和人格時，就不能忍讓。

目光遠大，需要忍耐

▼忍耐是一種精神、一種意志，一種技巧、一種策略。

意志力能發出神奇的功效。在別人都停止前進時，你仍然堅持著；在別人都已失望放棄時，你仍然進行著，這是需要相當勇氣的。正是這種堅持忍耐的能力，不以喜怒好惡改變行動的能力，使你得到比別人更高的位置、更多的薪水，使你超越尋常標準。

忍耐的精神與態度，是許多人得到成功的大關鍵。比如業務員推銷產品時，不管對方怎樣傲慢無禮，都不要憤怒而返，這種人才能得到勝利。

一次推銷不成，兩次、三次、四次，最後，對方不但欽佩他的勇氣與決心，也會感受到他忍耐與誠懇的精神而成全他的生意。

在商界中，能做最多的生意，擁有最多的主顧，推銷最多商品的人是那種不灰心、能忍耐，從不回答「不」字，有謙和的禮貌，足以使別人感到難拂其意、難為其情的人。

一受刺激就不能忍耐的人，不會有大成就。人在天性上對推銷人員大多有些不歡迎，總是盡量能打發他走，就想辦法打發他走。但當他們遇到了一個有忍耐精神、謙和態度的人，事情就變得不同了。他們知道，有忍耐精神的人是不容易被打發的，甚至會因為欽佩那個推銷員的忍耐精神，承購了某項商品。

對於現代社會來說，忍耐像是一句忠言，僅憑忍耐並不一定能讓人成功，但是如果不懂得忍耐，面對理想與現實的不一致，失去了意志力，那麼第一個將你打敗就是你自己。

只有胸懷大志者才能持有積極的忍耐之心。積極的忍耐就是「宰相之胸」，「大將風度」。其實積極忍耐者多是深謀遠慮之人，為防止微小事件干擾破壞宏圖大業，而採取忍耐的正確謀略。

這絕不是胸無大志，目光短淺者所能做到的，無法做到忍耐的人多是無能無謀之輩。

在洛克菲勒創業之初，由於資金缺乏，他的合夥人克拉克先生邀請一位富翁加德納先生入股，對此洛克菲勒很是高興，因為有了這位富人的加入，就意味著他們真的可以開始做自己想做、有能力做成的事情。

然而，出乎意料的是，克拉克不止帶來了金主，也同時送給洛克菲勒一份屈辱，他們要把克拉克—洛克菲勒公司更名為克拉克—加德納公司。他們將洛克菲勒的姓氏從公司名稱上抽走的理由是：加德納出身名門，他的姓氏將能吸引更多的客戶。

洛克菲勒回憶自己當時的心情，說：「這個理由大大刺傷我的尊嚴！我氣憤無比！同樣是合夥人，加德納帶來的只是他那一份資金而已，難道出身貴族就可以剝奪我應得的名份嗎？但是，我忍下了，我告訴自己：你要控制住你自己，你要保持心態平靜，這只是開始，路還長著哪！」

洛克菲勒故作鎮靜，裝成若無其事的樣子告訴克拉克：「這沒什麼。」事實上，這完全是謊言。

想想看，一個遭受不公平的待遇、自尊心受到嚴重傷害的人，怎能有如此的寬容大度！但是，洛克菲勒用理性澆滅了自己心頭燃燒著的熊熊怒火，因為他知道只有這樣才會帶來真正的好處。

忍耐不是盲目的容忍，你需要冷靜地考查情勢，要知道你的決定是否會偏離或違背自己的目標。

洛克菲勒知道：對克拉克大發雷霆不僅有失體面，更重要的是，這會為他們現在的合作製造裂痕，若能團結則可以形成助力，讓他們的事業越做越大，個人力量和利益也必將隨之壯大。

洛克菲勒很清楚地知道自己的目標。在這之後他仍一如既往、毫無倦怠地熱情工作。

到了第三個年頭，他成功地把那位極盡奢侈的加德納先生請出了公司，將克拉克—洛克菲勒公司的招牌又重新豎立了起來！當地的人們開始尊稱他為洛克菲勒先生，他已成為一位富翁。

忍耐並非忍氣吞聲，也絕非卑躬屈膝，忍耐是一種策略，也是一種性格磨礪，它所孕育出的是好勝之心。

洛克菲勒回憶自己與克拉克的合作時說：

「我崇尚平等，厭惡居高臨下發號施令。然而，克拉克在我面前卻總要擺出趾高氣揚的架勢，這令我非常反感。他似乎從不把我放在眼裡，把我視為目光短淺的小職員，甚至當面貶低我除了記帳和管錢之外一無所能，沒有他我更一文不值。這是公然的挑釁，我卻充耳不聞，我知道尊重自己比什麼都重要，但是，我在心裡已經和他開戰，我一遍一遍地叮囑自己：超過他，你的逐漸強大，是對他最好的羞辱，是打在他臉上最響的耳光。」

後來，洛克菲勒轉投資石油業，克拉克—洛克菲勒公司永遠成為了歷史，取代它的是洛克菲勒—安德魯斯公司，洛克菲勒從此搭上了晉身億萬富翁的「特快列車」。

有謙和、愉快、禮貌、誠懇的態度，而同時又有忍耐精神的人，是非常幸運的。

做我們所高興的事，做我們所喜歡並且感到熱忱的事，這是很容易的。但是要全神貫注地去做那些不快的、討厭的、為我們內心所反對，同時又因為別人的緣故不得不去做的事，需要極大的勇氣與耐性。

定下一個目標，然後集中全部的精力去實現它。這種能力，最能獲得他人的欽佩與尊敬。你樹立了有毅力、有決心、能忍耐的名譽，世界上就不怕沒有你的地位，但是，假使你經常顯露出意志不堅定與不能忍耐的態度，人家很容易就看得出來你是白鐵，不是純鋼；他們會瞧不起你，因此你會很容易失敗。

從某種角度來說，忍耐是一種精神、一種意志，也是一種技巧、一種策略。

做個忍者，以柔取勝

▼忍讓才能留有餘地，才能令眾人誠服。

孔子是中國的聖人，為歷代讀書人所敬仰。關於孔子的故事，其中有一則是這麼說的：

暮年的孔子，一天召集弟子講學，他對著弟子們張開嘴巴，然後問：「你們看見了什麼？」

眾弟子猶豫了一陣，說：「舌頭。」

孔子說：「對了，你們看見了我的舌頭。可是，舌頭前面堅固的牙齒為什麼不見了，而柔軟的舌頭卻還健在呢？」

眾弟子不解其意，孔子接著說，「這是因為牙齒固而不化，舌頭軟而善忍，所以不能適應環境變化的堅固牙齒，只有提前退休了，而適應變化、善於忍讓、柔軟的舌頭卻與心臟同在。」

春秋時期，江南的吳國和越國為了爭奪土地、人口和財物，展開了生死搏鬥。吳王夫差的父親闔閭，在與越王勾踐的爭戰中受重傷而死。夫差守孝期滿，親率大軍，兵臨越國。

越王勾踐率軍迎戰，但是由於兵力懸殊，越軍慘敗，只剩下五千人退到會稽。在越國將要滅亡的時候，范蠡進言：「戰爭打到這個地步，唯一的辦法就是送上豐厚禮物，謙恭哀求，討得吳王的哀憐和同情，這樣越國或許可以倖存。如果他還是不允許的話，君主只好委屈自己，去做吳王的奴僕，尋找時機，以圖東山再起。」

勾踐依范蠡的話，言卑情切地向吳王請求活命，並且答應獻出越國、越王和王妃供吳王驅使。於是夫差答應了越國講和投降的條件。

公元前四九二年，勾踐懷著極其傷感和屈辱的心情，帶著自己的王妃，在范蠡的陪同下來到吳國做奴僕。勾踐晉見吳王時，跪拜叩首，感恩戴德的表情，從臉上清晰地表現出來，連吳王夫差也覺得於心不忍，便決定不給勾踐太重的粗活雜役，只叫他照顧宮中的馬匹。

越王君臣在馬廄裡結屋居住，他和妻子、范蠡在宮中小心翼翼，既不敢發怒，也不敢多說話，只是用眼睛交流彼此之間的心意。夫差派人偵察他們的行動，只見他們穿的是破衣爛裙，吃的是粗糠野菜，勾踐餵馬，范蠡打草，王妃做飯洗衣，個個安分守己，一副心甘情願，長相廝守，甘願終生養馬的樣子。

吳王夫差得到報告後，認為他們意志消磨殆盡，再無王者尊嚴可言，於是對他們放鬆了警戒。

夫差每次乘車出行，勾踐都親自為他備好馬車，每到一地就和馬一起併排站在外面恭敬地等著。吳國的老百姓都認為此人太沒有志氣，於是朝著他吐唾沫，弄得勾踐滿身都是唾液，而勾踐卻毫不理會，只是靜靜地站著，好像唯恐自己一動，會驚動了吳王所駕的馬，自己吃罪不起。

連吳王看在眼裡，心中都覺得十分不應該，於是命令人們禁止侮辱勾踐。有一次夫差病了，勾踐為取得吳王夫差的信任，親嚐夫差的糞便，並說吳王的糞便味道是苦的，這代表病快好了，使得吳王大悅。不久後，夫差病癒，正如范蠡所料，吳王決定釋放勾踐回越國。

忍辱負重、甘受凌辱的故事，無論在歷史上或在現實生活中，屢見不鮮，但能夠忍辱到像勾踐這樣主動去嘗吳王糞便的程度，想必古今中外，只有他勾踐一人吧？

常人做不到的事，一個國王卻不得不去做，為了什麼？就是為了復國雪恥！這樣的屈辱，只有真正的政治家才會承受。

就這樣，冬去夏來，越王勾踐整整服了三年苦役。另一頭，范蠡用重金收買了伯丕，並向吳王獻上美女西施。第三年，吳王終於赦免了勾踐，放他回國。

此後勾踐一面仍向吳國納貢，一面臥薪嘗膽。他鼓勵生產，養護軍備，親自下田耕種。越國的人口因此猛增，生產迅速發展，軍事力量也逐漸強大起來了，二十二年之後，越國滅了吳國。吳王羞愧難言，自殺而亡，越王終於報了血仇。

同樣，三國時期的諸葛亮污辱司馬懿的故事也是人人皆知。諸葛亮六出祁山時駐紮五丈原，司馬懿深知自己的韜略不如諸葛亮，因而採取拖延戰術久不出兵。

諸葛亮派人送司馬懿一套女人的服裝，並遞信說：「你如果不敢出戰，便應恭敬地跪拜接受投降；如果你羞恥之心還沒有泯滅，還有點男子氣概，便立即批回，定期作戰。」

司馬懿的左右兵將看了之後，非常氣憤，紛紛請戰，但司馬懿卻堅守不戰。不久諸葛亮因積勞成疾而死，司馬懿沒傷一兵一將，不戰而勝。難怪古人說：「必須能忍受別人所不能忍的觸犯和忤逆，才能成就別人難及的事業功名。」

勾踐、司馬懿兩人之襟懷真可謂寬廣之至了。但在現實生活中，我們卻不難發現，一些人為了自己的一點蠅頭小利，斤斤計較，與對方針鋒相對，乃至大打出手；還有的人眼裡揉不得沙子，得理不饒人。至於因一句過頭的玩笑而反目成仇，因陌路相撞而大打出手，因鄰里糾紛而刀槍相見，更是數不勝數。指望這種人成就大事，無異是天方夜譚。

司馬遷如果不能忍受宮刑之侮，怎麼完成「究天人之際，通古今之變，成一家之言」的偉大著作《史記》而流芳千古，成為人人敬仰的史學家，被後人尊稱為「太史公」？

忍耐是中國文化的重要精髓，留下了許多流傳千古的典故逸事。提倡忍耐，並不是提倡軟弱。我們並不推崇沒有原則、喪失人格的忍讓，該抗爭時要抗爭，但要注意有理有禮有節。

從前，帝舜告誡大禹說：「汝唯不矜，天下莫與汝爭能；汝唯不伐，天下莫與汝爭功。」

也就是說只要不誇耀自己的賢能，那麼天下就沒有人與你爭能；只要不誇耀自己的功績，那麼天下就沒有人與你爭功。這也說明只有忍讓才能留有餘地，才能令眾人誠服。

※為保障您的權益，每一項資料請務必確實填寫，謝謝！

姓名		性別	□男　□女
生日	年　月　日	年齡	
住宅地址	郵遞區號□□□		
行動電話		E-mail	

學歷

□國小　□國中　□高中、高職　□專科、大學以上　□其他______

職業

□學生　□軍　□公　□教　□工　□商　□金融業

□資訊業　□服務業　□傳播業　□出版業　□自由業　□其他______

謝謝您購買 現在，活出自己讓心呼吸 與我們一起分享讀完本書後的心得。務必留下您的基本資料及電子信箱，使用我們準備的免郵回函寄回，我們每月將抽出一百名回函讀者，寄出精美禮物以及享有生日當月購書優惠！想知道更多更即時的消息，歡迎加入"永續圖書粉絲團"

您也可以使用以下傳真電話或是掃描圖檔寄回本公司電子信箱，謝謝！

傳真電話：（02）8647-3660　　電子信箱：yungjiuh@ms45.hinet.net

●請針對下列各項目為本書打分數，由高至低5～1分。

	5 4 3 2 1		5 4 3 2 1
1.內容題材	□□□□□	2.編排設計	□□□□□
3.封面設計	□□□□□	4.文字品質	□□□□□
5.圖片品質	□□□□□	6.裝訂印刷	□□□□□

●您購買此書的地點及店名______

●您為何會購買本書？

□被文案吸引　□喜歡封面設計　□親友推薦　□喜歡作者

□網站介紹　□其他______

●您認為什麼因素會影響您購買書籍的慾望？

□價格，並且合理定價是______　□內容文字有足夠吸引力

□作者的知名度　□是否為暢銷書籍　□封面設計、插、漫畫

●請寫下您對編輯部的期望及建議：

廣　告　回　信	
基隆郵局登記證	
基隆廣字第200132號	

221-03
新北市汐止區大同路三段194號9樓之1
FAX：（02）8647-3660
E-mail：yungjiuh@ms45.hinet.net

培育

文化事業有限公司

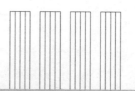

讀者專用回函

現在，活出自己讓心呼吸

培養文化育智心靈的好選擇